開心大連

文庫改訂版

小川勝
OGAWA MASARU

幻冬舎MC

目次

はじめに

ひょんなことから大連へ

ちょうど64歳の誕生日を迎えた２００６年8月初め、法隆寺のボランティアガイド仲間のMさんに誘われ大阪の中国語教室に通い始めた。中国へは会社勤めしていた頃30回近く出張していたが、その頃はいつも通訳に頼りっきりで、根っからの勉強嫌いのため全く中国語を学ぼうとしなかった。実は一度は中国語会話の本を買って勉強しようと思ったことはあったのだが、三日坊主に終わりテキストも探したが既に廃品回収に回ってしまっていた始末。

会社を退職し、余暇に外国人向けのボランティア観光ガイドを始めた頃から必要に迫られ歴史の勉強など始め、周りの熱心な人たちに刺激され老境に向かい始めた頃から向学心に燃え出したようだ。ボケ防止のためには、読む、書く、話す…の3点セットが一番良いそうだがそれには語学の勉強が一番適していると言われている。

そのために始めたわけではないのだが、とにかくMさんに誘われたことがきっかけで中国語の道に入ってしまった。たまたま私が中国語を勉強し始めたことを、以前から非常勤の顧問を委嘱されている中国・大連の会社の会長兼社長が聞き付け中国語の勉強をするならいっそのこと大連に来て語学学校に入りその合間に会社の経営等のアドバイスをしてくれないか。滞在費は面倒見るから来たらどうか、との誘いがあり二つ返事で乗ってしまい、大阪の中国語教室に通い始めてから1ヶ月後には大連に来てしまった。

表題の「開心大連」の「開心」とは中国語で「楽しい」「愉快である」という意味で、楽しく大連生活を過ごしたことを込めて表題にした。

すさまじい勢いで発展している中国では15年前とは言え、都市開発や人々の日常は大きく変化している。その中でわずか15年前に過ごした日常を見直すと懐かしさがこみ上げる。今回文庫版改訂にあたり、大連での楽しさ、驚きをそのまま残せるよう心掛けた。

第1章　大連で学ぶ

～生活の中の中国語～

最初の挨拶でつまずく

大連空港で通訳の劉さんが出迎えてくれた。まず中国語で挨拶しようとするが言葉が出てこない。日本語で話したほうが早い。日本で中国語の勉強を始めたばかりなのでとっさの言葉が出てこないのは当然の結果なのだが……

これまで何度かこの会社に来ていたが、いつも来客扱いのため応接室に居座り、仕事をしていたため女子事務員さんたちと話す機会もなかった。今回はこちらの社員扱いとなり机も総務課の脇に提供されたため早速昼休みなどに女子事務員たちが机の周りに集まり話しかけてきた。中には日本語を勉強中の人もいて日本語を教えてくれとせがんでくる人もいた。少しうれしい感じ。

【面白い中国語表現】馬馬虎虎

ウマウマトラトラと書いて中国語ではマーマーフーフーと発音する。意味は

「いい加減である」ということらしい。会話の中でよくこの言葉を使う。もちろん会社では禁句である。しかし彼らの日常生活はまさしくこの言葉どおりかもしれない（こう書いたら中国人にしかられるかな？）。実際今のアパートも外観は近代的な立派なマンションだが住んでみるとあちこち欠陥が見られる。掃除をしていると壁と床の角のところのモールはちゃんと付いていなくてすぐ外れたり、ガスの元栓は立派な壁に穴を開けそのままであったり……いや、あら捜しはやめておこう。入居手続きのときも少しイライラさせられたが、前から中国に住んでいる友人に話したら「いちいち気にしていたら持たないので気にしないことだ」と言われた。私も中国の経験は長いつもりだが以前と比べたらよくなったほうだと思う。

　馬馬虎虎の語源は昔虎の絵を描いたら体が虎で頭が馬の絵を描いたのでこれを見た人は「なんだか分からない。いい加減な絵だ」と言ったことから「いい加減な」ことを表現するときに使うようになったとか。

知らないと困る「老婆」の意味

夜、暇なとき中国語のテレビを分からないながらもよく観る。中でも会話がすべて字幕に出る番組は耳で聞くのと字を目で見ることができるので訓練のためよく観る。あるときドラマで若い夫婦が会話している場面があり、夫が奥さんを呼ぶのに「老婆」（ラオポー）と呼んでいた。早速辞書で調べてみると「老婆」とは女房、妻という意味で、日本で言う「老婆」とは違うらしい。日本で言う「老婆」は「老太婆」というと書いてあった。中国では「老」というのは年寄りを敬うことから尊敬する言葉で、先生のことを「老師」と言ったり、仲の良い友だちを親しみをこめて「老朋友」と言ったりする。

よく中国語を学ぶときのエピソードとして日本に留学した中国人留学生が下宿先のうら若い娘さんを「おばさん」と呼んだら激怒されそれ以降口も聞いてもらえなかった、という話がある。これも「おばさん」とは身近の女性を尊敬をこめて表現するとき使うらしいのだが日本では全く違う表現になる。だから日本で自分の奥さんを親しみをこめて「老婆」と呼んだら即刻離婚になるだろう。

このように同じ漢字でも日本と中国では全く違った意味になる…ということも興味がある。まだ中国語の初心者としてはおこがましいが、このような例がたくさんあるのだろうか。楽しみである。

目抜き通りの名「金馬路」の由来

住んでいるアパートは「金馬路」から1本裏に入った通りに面している。金馬路は大連開発区の最大の目抜き通りだ。片側3車線合計6車線の通りである。「馬路」とは「馬が通る道」から来た言葉で「大通り」を意味している。外側の歩道は日本的に見ると2車線くらいあるほど広い。また周辺のビルの駐車場が歩道のビル側にあるため車が歩道を我が物顔で走っている。我々が歩道を歩いていると後ろから「プープー」とクラクションを鳴らし走ってくる。少しは遠慮したらどうか！　と腹立たしいが大連の人たちは何事もないように隅によけ歩いている。アパートから金馬路を15分ぐらい歩くと「安盛」という大きなショッピングセンターがある。普段の買い物はここで済ませる。「安盛」の向かいにマイカル（麦凱楽）がある。マイカルはスーパーマーケットではなくデパートだ。比較的高級品を扱っている。3階に日本食材を売っている。味噌、醤油などの調味料は大概そろっている。

　マイカルではエスカレーターの各階の乗り継ぎはつながっている。さすが日本のデパートだ。お客さん本位に設計されている。東南アジアのショッピングセンターも同じ考えだが階を変わるときすぐ次の階行きのエスカレーターが直結していたら、その階をとおり越して上の階まで素どおりしてしまうので、乗り継ぎはフロアーの反対側つまりフロアーを半周しなければ次の階にはいけないシステムになっている。

「安盛」もこのシステムだ。中央が吹き抜けのホールになっておりエスカレーターを降りたらいやでも各階の売り場を半周して乗り継がなくてはならない。建物が大きいので乗り継ぎが厄介だ。

今日はマイカルで帰国用のお土産を購入した。同じ品物でも空港で買うと3～4割高い。

中国語教室、初めての授業

今回中国に来た主な目的は中国語の習得だった。しかし9月19日大連に到着し会社に出勤したとたん、いろいろと問題やら相談事があり、毎日出勤する羽目になってしまった。そのためか中国語の学校を決めるのに手間がかかり、いくつかある学校のうち最終的に決めたのは一時帰国の前々日だった。そのため手続きは済ませ入学は再度の大連入り後とした。

大連に戻って最初の授業に出かけた。

この学校は開発区の中心部、開発区管理委員会（すなわち区役所みたいなところ）の近くのビルの中にあり、教室が10以上ありいろいろなクラスがある。中には畳の部屋もあり着付け教室やら、裏千家茶道教室もある。一番多いのは中国人が日本語を勉強するクラスで午前、午後、夜のクラスとも活況である。大連は日本語熱が盛んでたくさんの若い人たちが日本語を勉強している。中国語のクラスは開講しているもののあまりいないらしく、私の希望する午後のクラスは私一人だけとなった。したがって、20人ぐらい入る教室で1対1の個人教授となった。ただし特別クラスのためか（?）教師役は昨年までここで日本語を勉強していた若い学生でなんとなく頼りなさそうな先生だ（ごめん）。授業の合間にいろいろと話を聞いてみると、来年4月から北九州市の女子短大に2年間留学し日本語を勉強すると言っていた。学校の名前を聞いてみると「折尾愛真短期大学」といっていたが折尾といえば私が以前勤めていた会社の八幡支店の近くであり、思わず授業そっちのけで日本の話になってしまった。もちろん中国語交じりの会話でありこれも授業の一環だ。中国語会話の一環でいろいろと質問しあうのだが自然と家族の話になってくる。この先生にはお兄さんがおり、彼もやはりここの学校で日本語を勉強しており再来年にはやはり日本に留学するといっていた。２人も日本に留学させるなんて、彼らのご両親は偉い人なのだろうか？　この点は次の授業で聞いてみよう。何しろ中国語の勉強なので根掘り葉掘り質問してもいいのかな？と思っているのだが個人情報に関しては失礼にならない程度でとめておこう。

「日本語の先生」になる

毎日昼休みに会社の事務員の希望者に日本語を教え始めた。初日から数人の事務員さんが集まってきたが興味本位の人は脱落し現在は熱心な3人が残っている。日頃から日本人の来客があるため、彼女らももともと日本語に関心があり多少は話せる人もいたが、まずは「あいうえお」から始め、興味のある日常会話から始めた。テキストは最初なかったが一時帰国のとき日本の１００円ショップで

「やさしい日常中国語」を数冊買ってきてみんなにプレゼントした。１００円でもよく書かれており中国語と日本語を裏返しに使えば十分役に立つテキストだ。おまけに私の中国語の勉強にも役立つ。日本語で仕事ができる男性スタッフは社内にたくさん（10人近く）いるが、彼らもときどき冷やかしに来る。

もちろん私は中国語の初心者でまだおぼつかないので、説明は電子辞書を片手に紙に書いて説明している。

例えば普通語と丁寧語、尊敬語の違いについて中国語で説明できないため、電子辞書で見せながらこの表現は丁寧語だとか尊敬語だとか説明しているが日本語は使い分けが難しく中国人には分かりにくいところだ。

【面白い中国語表現】拍馬屁

会話の中で上記の表現が出てきた。周りの人はクスクス笑っていたので気になり辞書を調べてみたら「昔、モンゴル人同士が出会うと互いに相手のウマのしりを叩いてウマを褒め合う習慣があったことから、おべっかを使う、ごまをする、こびへつらう……のような意味である」とあった。人を軽蔑するときの言葉だ。どこの世界にもこのような人はいるが、今のところ出会っていない。

古来大陸（中国、モンゴル）では馬は生活の一部だったため馬にまつわる言葉も多い。

少し拾ってみよう。

「指鹿為馬」

意味：シカを指してウマという。是非を転倒する。

語源：秦の丞相趙高が謀反をたくらみ群臣を試すため二世皇帝にシカを見せてこれをウマだと言った。二世皇帝は側にいる臣下に丞相がシカをウマと言ったが間違いではないかと尋ねたところ、ある者はウマといい、ある者はシカだと答えた。シカと答えた者はあとで全部趙高によって殺害されたという故事から、日本語の「馬鹿」はこの故事から出ているとの説もある。

「馬耳東風」

意味：人の意見や批評などを、心に留めず聞き流すこと。日本でよく使われている言葉。

「馬要騎騎看、人要処処看」

意味：馬は乗ってみよ、人は添うてみよ。

いやはや、以前に書いた「馬馬虎虎」と言い上記の事例と言い、馬は生活の一部とはいえあまりよく使われていないようだ。

中国語教室は出入り自由？

開発区中心部の某外国語学院で中国語の勉強を始めたが、生徒1人のため若い先生と大教室で1対1の授業を行っている。ところが授業中なのに途中から何人かの中国人が教室に入ってくる。何なのかと聞いてみると次の授業の受講者が予習のため早く来たとのこと。あつかましい人は私の隣の席に座って勉強を始めたりする。この学校は私のために特別なクラスを編成したのではなく、副業みたいに毎回空いている教室を使うため、入室してくるグループは次の時間日本語クラスであったり、英語クラスであったりする。ときには私に話しかけてくる女性もいる。「おいおい、授業中だぞ」と言いたいのだがなんとなく授業を中断して受け応えする羽目になる。この状態は私としては若干不満なのだが、反面いろいろな中国人（特に若い人）と話す機会が増えるので歓迎すべきなのか。先生も注意しない。しばらく我慢して様子を見ることにするか。

日本語／中国語／韓国語

中国語を勉強していると日本語と同じ漢字が出てくるので見た感じはすぐ理解できるように思えるが、これが逆に障害となり学習を遅らせる原因となるようだ。つまり同じ漢字でも大半の漢字は発音が全く異なる。したがって単語を覚えようとしても日本語読みが頭にこびり付いているため中国語の発音がなかなか覚えられない（覚えられないのは老化による記憶力の低下が主な原因なのだが）。自然筆談になってしまう。日本語に近い発音の字が出てくるとうれしくなる。例えば街の工事現場でよく見られる「安全」は「アンチュアン」であり「あんぜん」に近いので中国人が話していてもよく分かるし、覚えやすい。逆に日常ニュースなどでよく出てくる「経済」という字は「ジンジ」と発音するが何度覚えようとしてもすぐ忘れる。すぐ覚える単語と何度も覚えようとしていても覚えられない相性の悪い単語がある。相性の悪い単語は悔しいので昔よくやった単語カードなるものをつくり覚えようとするが、すぐ忘れる。恥ずかしながら上記の「経済」はテレビのニュースでよくテロップで出てくる字だが、その都度何という発音だったか？ と、すっかり忘れている。

在職中煙台市（大連から渤海湾をはさんだ対岸の都市）にあるメーカーに特殊コンテナを発注し検査に行ったことが数回ある。仕事の話で恐縮だが、コンテナメーカーは数十年前日本が世界のトップシェアを持っていたが、その後韓国に移り現在は韓国のメーカーも衰退し、世界に流通しているコンテナはほとんど中国で生産されている。そのため中国のコンテナメーカーでは韓国人が技術指導して生産していることが多い。上記の煙台のメーカーも工場長や技術部長は韓国人だった。工場での打合せは英語、日本語、韓国語および中国語が飛び交い壮観だった。韓国人の技術部長は英語が堪能、日本語が少し分かり、中国語がボチボチ程度、私は英語が話せるが他の言葉はさっぱり、中国人の製造部長ほか担当者は中国語以外話せず韓国語／中国語の通訳が必要……の組み合わせで会議をするわけだからお互いに間違いなく意思を通じ合わせるのに当然４ヶ国語が飛び交うことになる。私が発注者側なので一応英語で議事を進行するのだが、韓国人の技術部長が英語から韓国語に通訳し、韓国／中国語の通訳が中国語に通訳し工場側に伝える構図となる。その中で同じ漢字圏の国々のため漢字を使えば意思が通じる場合がある。韓国も現在はハングル文字だが一部の単語は漢字の発音が近いものがある。現場で話しているのを聞くと「全部」と「修理」は中国語・韓国語・日本語とも発音が非常に近いことが分かった。製造現場では上記の2語は非常に都合の良い言葉で、検査のとき不具合箇所を指差し「チュアンブ シュウリ」というと中国人も韓国人も通じた。あまり連発するので流行語みたいになってしまった。うそのような本当の話である。ちなみに「全部」「修理」のピンインはそれぞれ（quanbu）、（xiuli）という。韓国語の本当の発音は不明だが、韓国人が同じように「チュアンブ シュウリ」と発音していたので間違いないと思うが……

「斑鳩」はどんな鳥？

この難しい漢字は「いかるが」と読む。私は法隆寺のボランティア観光ガイドをしているが、法隆寺は奈良県斑鳩町にある。県外でこの字を正しく読める人は少ないそうだ。ただし２００３年とその翌年、春の甲子園に斑鳩高校が近畿代表で出場したので少しは知名度が上がったとかで町の幹部が喜んでいた。しかし斑鳩高校も少子化の影響で２００５年から２校が合併して校名が変わり法隆寺国際高校になっていた。せっかく慣れ親しんだ校名が変わるのは寂しいものだ。

斑鳩とは約１４００年前聖徳太子がこの地に宮殿を建て移り住んだが、この地に「イカル」というくちばしの黄色いムクドリくらいの大きさの鳥がたくさんいたことから、宮殿を「斑鳩の宮」と称し同時に建立された法隆寺を当初は斑鳩寺と呼称されたという故事からこの地を斑鳩の里と呼ぶようになった。

なぜこのことを書いたのかというと、夜テレビを観ていたら突然テロップに「斑鳩」という字が映し出されたので興味深く観ていると、省内のある地域で「斑鳩」の密猟が頻発したのでその密猟の犯人を追跡している警察（公安）の活動を放映したものだった。中国での「斑鳩」とは文字どおり「まだらのある鳩」で大きさも鳩と同じような鳥だった。中国の斑鳩は見たままの姿を漢字表現しているが、日本の「斑鳩」はどうして「イカル」が「斑鳩」になったのかガイドをしているがよく分からない。斑（まだら）があるのでもなく、鳩のようでもないのにどうしてこの漢字が当てはめられたのだろうか。広辞苑を調べてみると「イカル」はスズメ目アトリ科の鳥。大きさはムクドリぐらい。頭・風切羽・尾羽は金属光沢ある黒色で、その他は灰色。翼に白斑がありくちばしは太くて黄色、とある。飛鳥時代の人たちは想像でこの鳥を斑鳩と思ったのかもしれない。

イカル

　斑鳩について書いたら友人で高知県に住む日本野鳥の会の高橋徹さんから日本の斑鳩の写真を送っていただいた。これは高橋さんが自身で撮った写真だ。同じような写真が斑鳩町の観光案内所にも展示してある。両方ともくちばしの黄色い鳥だ。しかし以前中国のテレビで観た「斑鳩」とはどうも違うような気がする。

それで中国語の先生に手伝ってもらい中国のインターネットで調べた斑鳩の写真を高橋さんに送って見てもらったところ、日本の「シメ」という鳥に似ていると教えてくれた。中国では「斑鳩」といっても3種類ほどありこれらを総称して「斑鳩」と呼ぶらしい。

１４００年前聖徳太子が法隆寺を建立したときこの地にくちばしの黄色い鳥がたくさん飛んでいたことからこの鳥を中国で呼ばれている「斑鳩」と呼びこの地を「斑鳩」と命名したのだろうか？　１４００年前のことだから写真などないし、まして当時は2回目の遣隋使を派遣した（西暦６０７年）ばかりでもあり情報もない時代でもあり、32ページ上のようなきれいな鳥を「斑鳩」となづけた……と言ってもロマンがあっていいと思うのだが、いかがなものだろうか？

現代粗粮の「粗」の意味

私のアパートの近くに「現代粗粮」という風変わりな名前の中華料理レストラ

ンがある。粗粮とは雑穀という意味で、言い換えれば「粗末な食事」という意味にもとられる。レストランの名前にふさわしくないようにも見える。だがいつもお客が入っていて地元でも有名なレストランのようだ。そのため普段から気になっていつか入ってみようと思っていた。最近やっと中国人の友人と食事する機会があった。

　中に入ると水代わりに先ず豆乳が出る。私はビールを飲むため断ったが、豆乳はコップが空になると断るまで何度も入れにくるくらいサービスがよい（豆乳をがぶがぶ飲んだら料理はあまり食べられないのでこれも節食の一環かも?）。肝心な料理はどんなものがあるのかとメニューを見たがほかの中華料理店とあまり変わりないようにも見えた。メニュー以外にも鮮魚やいろいろな食材が室内の一角に並べてありそれを見ながら料理を注文できる。蝦（えび）、キスみたいな魚のから揚げ、スペアリブ、野菜料理、キノコ料理など注文した後、主食を注文する段になってやっと気が付いた。パンやおかゆなどがすべて雑穀や豆類の素材でてきていたのだ。中国人の友人はとうもろこしの蒸しパンが好きだと言っていた。

りんごの皮を「むく」は「削」

会社で昼食後一休みしていると事務員がよく果物など家から持ってきて食べている。みかんやりんごは今一番豊富で安い。みかんは1斤（５００グラム）日本円で50円くらい、りんごは1個15円くらいだ。それはそれとして、事務員さんがりんごの皮を剥くとき鉛筆を削るようにして剥いている。まさしく削るという表現がぴったりの剥き方だ。日本のようにくるくると回しながら剥くようなことをしない。例によって辞書を調べてみると「りんごの皮をむく」は「削苹果皮」と書く。また「削（シャオ）」を引くと「刀を斜めにして削る」とある。事務員さんは字のとおりりんごをむくときナイフを斜めに持ち皮を削っていた。昔からこのようにして剥いていたのだろうか？　もっとも一般的にはりんごの皮を剥いて食べる人などほとんどいなくて、皮ごと食べるのが普通の食べ方だそうだ（ちなみにみかんの皮をむくは中国語で〝剥橘子〟という。これは〝はぐ〟という意味合いだ）。

年が明け春節前の日曜日に、初めて日本語を教えている生徒たちがアパートを訪ねてきた。日本語の補習（？）をする目的だったが、みんなの希望で料理を作ることになった。日本語教室のとき紹介したオムレツも希望されたが人数も多いためカレーを作ることにした。カレールーは日本から何箱か持ってきたのでそれを使うことにした。しかしカレールーはマイカルにも売っている。ジャガイモの皮を剥く段になって彼女たちの剥き方を観察するとやはり「削る」方法で剥いていた。途中で皮むき器がないかと言い出し皮むき器でむき出した。もちろん日本式に剥くことができる人もいたが、聞いてみると削るやり方が一般的のようだ。

彼女たちは旧暦の大晦日（大年三十という）に今年は日本食を作りたいと言っていた。もちろん大晦日は水餃子が定番なのだが餃子以外にカレーに挑戦するそうだ。ほかにもいろいろ日本料理を教えてくれと頼まれてしまった。次は何にしようか？　結構私も乗り気になってきた。中国では大晦日の夜は寝ないで新年を迎えるそうなので餃子ばかりでなく何か変わったものもいいのかもしれない。カレーはまだ大連では一般的でないため初めて食べたそうだ（２００６年の時点では開発区ではオムレツやカレーなど提供するレストランなどなかったので彼女らは食べる機会がなかった）。

「寒暇」＝寒いから冬休み

中国の学期は2学期制だ。前期は9月に始まり2月で終了する。したがい後期の始まりは3月1日のためその前の春節（旧正月）をはさみ長い冬休みが始まる。冬休みは中国語で「寒暇」と呼んでいる。大学生は大体1月20日頃から休みに入るようだ。そのため大学生は春節のラッシュを避けて1月末ごろから帰郷が始まる。それでも大学生の数が多いため休みに入った最初の週末（1月26日）は帰郷の大学生で大都市の駅はいっぱいだとニュースで報道されていた。近くの大連民族学院の学生もそれぞれ大きなバッグをガラガラ転がしながら（最近はこの表現が一番適当なほど旅行バッグが流行っている）バス停に向かっている光景を最近よく見るようになった（開発区からはバスに乗って大連駅まで行きそこから各地に向かう）。

ちなみに夏休みは「暑暇」と呼ぶ。なるほど呼び方も合理的だ。冬休みは寒いから休み、夏休みは暑いから休み、と理解しやすい。夏休みは日本と同じように大学生は大体7月中旬頃から休みに入る。

小、中、高校生は大学生より休みが短いのは日本と同じだ。

男でも「娘」とはこれいかに？

以前にも「老婆」が奥さんを指す、と書いたことがあったが、今回は「娘」について書く。

テレビを観ていたら主人公の若者が年老いた母親の世話をする場面で、母親に向かって「娘（ニャン）」と呼んだり、母親が息子に対し「娘（ニャン）はお前が頼りだ!!」などという会話が交わされていた。

度々「娘」が出てくるので辞書を調べたら、「娘」とは「お母さん」という意味で、話し言葉で使われ呼びかけにも用いる、と書いてあった（もっともこの件について中国人に聞いてみたら今は〝娘〟は使っていないらしい。昔の人は使っていた。今は〝マ［女偏に馬］〟を一般的に使っているとのこと）。また「大娘」は目上や年長の既婚女性に対する敬称で「おばさん」と訳される。だから中国では自分より年上の女性に対しては尊敬の念をこめて「おばさん」と呼ぶのだそうだ。

正宗

街を歩いてみるとやたらに「正宗」の看板が目に付く。場末のなんでもないような小さな食堂の看板にも「正宗」の文字が出てくる。例によって辞書を調べると「正宗」とは本筋、正統というように使われ、「もとは仏教各派の創始者の筋を引く正統の宗派を指した」というものだそうだ。だから「正宗北京焼鴨」とは「本家北京ダック」ということなのだ。何で大連のしかも開発区に「本家北京ダック」があるのだ！　以前瀋陽の有名な焼鴨店にいったが、この店は「北京ダック」とは呼ばず単に「東北地区最大の焼鴨店」と表示し英語で〝Chinese Traditional Roast Duck〟と表示してあった。さすが瀋陽の老舗の店だけあって「北京……」とは表示していなかった。でも料理方法は本場の北京と同じものであった。大連開発区のそれは厚顔にも「北京ダック」のみならず「正宗」の表示までしている。ま、なんでもありの中国だから許せるか？　しかし入って食べてみたら非常に美味しかった。他にも「正宗韓国焼肉」、「正宗ラーメン」の看板もあった。

俺

日本でも今でも年配の女性が自分のことを「俺」と言っている地方があるが、中国でも田舎のほうでは若い女性も自分のことを「俺」と言っている。発音は〝アン〟だが、日本語はこんなところにも共通点があると再発見した。

融氷之旅

中国の温家宝首相が２００７年４月11日から13日まで日本を訪問した。この間中国では大々的に報じられ、テレビ（特に中央電視台）では毎日特別番組が放送されていた。これら番組には必ず「融氷之旅」や「温情外交」などの文字が画面に度々現れる。放送局が国営放送のためかなり編集された番組だと思うが、一貫して日本と友好を深めるための訪問ということが強調されていた。すべて良いことずくめの旅であったように感じたのは報道規制があるためなのかどうかは分からないが。

13日には中国で若者たちに絶大な人気のある『同一首歌』という番組が放送された（実はこの番組は以前から会社の若い人たちにどんな番組が好きか、と聞いたところほとんどの人がこの番組を観ているというほど人気番組だそうで、私もときどき観ることにしている）。この日は東京のＮＨＫホールを会場に「中日友好歌会」と銘打って中国と日本の歌手が出演して日本らしさを盛り上げていた。

しかし、日本の歌手はどういう訳かあまり知らない歌手ばかりで日本人が観たらがっかりするような番組だった。私が知っているのは中野良子、ジュディ・オング、ジョー山中だけで他は聞いたこともないような歌手が数人出演していた。中国でも海賊版などで日本の浜崎歩（中国ではこう表現する）など人気歌手は若者たちに支持されているのだが、やはり人気歌手の出演交渉は難しいのだろうか？

第2章　大連で生きる

～中国の行事～

国慶節は結婚式ラッシュ

10月１日は国慶節でほとんどの会社は10月１日から10月８日まで休みになり中国ではゴールデンウイークと呼ぶ人もいる。中国では休日を纏めて取るようで旧正月では８日間、５月１日から８日間と今回の国慶節を含んで１年に３回ゴールデンウイークがある（５月の連休は私が帰国後の２００８年、３日間に短縮され、代わりに清明節が３連休となりゴールデンウイークは２回となった）。

10月１日は連休の始まりのため結婚式があちこちで行われていた。私のアパートの近くの高級ホテルでは朝から何回も爆竹の音が響き結婚式を祝っていた。爆竹が終わると新婚の仲間が数台の車に分乗して新婚カップルを先頭にドライブに出発した。各車とも車のナンバープレートに慶祝の文字が印刷された紙を貼り付け、ナンバープレートが見えない状態で走っていった。これって日本では完全に道路交通法違反ですぐに警察に検挙されるのに中国でも多分違反だと思うが、見逃されているのだろう。今日は休日のため私は日本から来たお客さんと一緒に大連市内へ観光に出かけた。大連で人気のある星海広場から海岸線に沿って山林路、断崖沿いの道路と快適なドライブウェイを行くと断崖上の見晴らしの良い場所に婚慶公園という場所がある。この公園の中に立派な結婚式場があり（日本で一時流行っていた華やかな総合結婚式場、この式場で結婚式を挙げられるのはまだ一部の金持ちクラスだそうだ）、この周辺にはたくさんの新婚カップルが記念写真など撮っていた。この式場の近くの景色のよいところでは専門のカメラマンをしたがえたカップルがポーズを取りながら写真を撮っていた。ここは観光地としても人気のあるところで大勢の観光客に混じって多くのカップルが写真を撮っていたが、これは新婚旅行に見立てて写真をとっているのだろうか。中国では結婚式のアルバムを作るのが流行でプロのカメラマンと一緒に各地をロケして立派なアルバムを作るとか。アルバムづくりを専門とした業者がありウエディングドレスなど衣装セットを貸し出し、観光名所をあちこち移動し写真を撮るそうだ。

カップルによっては式をあげず純白のウエディングドレスの下は普段着のジーパンのカップルもあるという。最近はＤＶＤでアルバムを作ることもあり動画シーンも取り入れている。とにかく今日10月1日はどこへ行っても新婚カップルがおり1日で何十組見たことか。

中秋節と月餅の強いつながり

10月6日は中国では中秋節（旧暦の8月15日）のお祝いをする。この日はみんなふるさとに帰り家族と一緒に月餅を食べるという風習がある。これは、昔中国の皇帝が旧暦の8月の夜に月を崇め音楽を奏でてその年の豊作を祈り、それがやがて民間に伝わり月をめでる習慣となった。元朝の末期、農民たちが決起した際〝月餅〟の中にメモを入れ決起日の8月15日を伝え合ったことから、それが後に中秋節に月餅を贈る習慣となった。そして月餅は丸いので「団欒」に通じ、一家団らんの象徴として中秋節は家族が集まって月餅を食べる日となったという。この日は休日なのだが、たまたま急ぎの仕事で出勤していたもののこの日だけは早仕舞いでみんな早く帰ってしまった。中秋節は年間行事のうち春節（旧正月）についで大事な日だそうだ。

会社の人に日本では中秋節を祝うのかと聞かれたが、日本では中秋節の行事はないが、以前は中国と同じように9月の満月の日にお団子とススキの穂を飾り月見をしたと説明したが、ススキとは何か、と聞かれ、辞書を引いたらススキは中国ではあまり良いイメージがないそうだ。

それは旧暦？　それとも新暦？

何人かの若い人に「あなたの誕生日はいつですか？」とたずねると「分かりません」という答が返ってくることがある。「え？　なぜ？　自分の誕生日も知らないの」との会話になってくる。よく聞くと自分の誕生日は旧暦で覚えているため新暦の誕生日は分からないと言う。現在でも家庭や社会の生活は旧暦が使われており、子供たちは旧暦の誕生日を教えられており家族で祝うのは旧暦の誕生日ということになる。中国では現在も行事等は旧暦が主体だ。

正月は日本でいう旧正月であり新暦の正月は関係ない。そのため新暦の正月は諸外国に敬意を（?）表し1月1日と2日だけ休日になり、本当の正月は春節（旧正月）である。しかし実際の社会生活は新暦で行われておりいわゆるカレンダーも新暦の表示で会社の壁などにぶら下がっている。当然日常の取引も新暦で行われている。でも中国四千年の歴史に基づく行事は伝統に基づき自国の暦で実行されるのは当然のことだろう。しかし来年の春節はいつか？　聞いてもほとんどの人は知らないと答えてくる（厳密に言うと翌年の祝祭日は毎年新暦の1月1日に政府から発表される。それまでは翌年の春節の初日は分からない。カレンダー屋さんは前年夏ごろには印刷するが、よほどのことがない限り外すことはない）。

……とここまで書いたところで気が付いたのだが、国慶節は毎年10月1日であり新暦に基づいて実施されている。また労働節も毎年5月1日（メーデー）となっている。分からなくなってきた（あとで調べてみると、国慶節は１９４９年10月1日中国共産党指導のもとに成立した共和国の記念日であり、労働節は近代のメーデーにちなんだ記念日のため新暦で制定されている）。

クリスマス商戦

中国ではクリスマスは関係ないと思いきや商店はなかなか抜け目なくセールを行っている。中国の正月は春節（来年は2月17日）になるため12月は日本のように歳末大売り出しはない……と思いきやさすが商店は賢い。クリスマス前は売り出しの名目をクリスマス一本に絞っている。大型スーパーやデパートではクリスマスツリーを飾り店員はそろって赤い服を着、赤い帽子をかぶっている。店内にはジングルベルが流れ一応クリスマスの雰囲気を出している。大きなホテルではクリスマス晩餐会が催されテレビなどで大々的に宣伝している。中国でも富裕層がたくさん輩出しておりホテルにとっては稼ぎどきなのだろう。一方我々日本人がたまのストレス発散に行くカラオケでもクリスマスパーティーをあちこちでやっている。私がときどき行くカラオケでも早々と12月16日土曜クリスマスパーティーが行われた。店の服務員は「自分のお客を必ず呼びなさい……」と指示されているようで当日行ったらなんと２００人近くの日本人が集まっていた。もちろんホールは相席でぎっしり詰まっている。座席のソファーも教室風に並べ替えられ小劇場に来たような雰囲気である。当然カラオケなどできず店が企画したショーやゲームを楽しむわけだが、集まった日本人はギューギューの中で辛抱して義理で座っているようにも感じられた。私たちは2階の個室を早々と予約していたため日本人３人個室でいつものようにワイワイやり、モニターで大ホールを見ながらショーになるとときどき1階に下りていった。

　こんなにたくさんの日本人が集まり請求もいつもどおりの金額が発生しており店の経営者はホクホクであろう。これらカラオケクラブでは何かと機会を見付けてはこの種のパーティーを開き客を呼び寄せている。そういえば9月にもハロウィンパーティーがあったっけ。大体ハロウィンなんて日本人にもなじみがなく、当然店の女性も何のパーティーなのか分からずとにかく来てくださいと呼びかけているわけだが経営者だけが一人、裏でほくそ笑んでいるのだろう。我々日本人がおめでたいのかもしれない。

後日談があり、12月24日、25日と2日間またクリスマスだから来てくれとお呼びがあった。またおめでたい日本人（私も含めて）がのこのことやって来た。

引用記事で恐縮だが、クリスマスに関し最近興味ある記事があったので引用する。（Record China 2006.12 引用。注：Record Chinaは中国関連の時事を日本語で報道する中国ニュース通信社）

――もともと中国人にとってなじみの少なかった西洋の祝日が中国でもクリスマスに熱中する若者が増えている。北京大学や清華大学など名門の大学10校の哲学者や教育学者たちが「クリスマスを慎重に」という建議書にサインした。「中国では西洋文化が急速に浸透しており、クリスマスには若者が集まり家に帰るのを忘れるほど大騒ぎ。このような現状は、現在の中国社会が西洋の文化に侵されていることの表れだ。クリスマスが中国の伝統の文化を脅かしていることを市民はもっと知るべきだ、云々」

――これらが老学者たちの憂いなのだと思うが、中国の若者たちはファッションとか、いろいろな分野で西洋化しているのはもう止められないと思う。

正月に「猪」を食す

中国の新年は旧暦の春節（旧正月）に当たるのだが、最近は新暦の正月も新年として中国人の生活に定着しつつある。上記のように1月1日から2日まで休日扱いになるため否が応でも新年気分になるようだ。一時帰国から帰って1月5日出社するといきなり「新年快楽」と挨拶された。この時期家庭では特に新年の行事はないのだが、会社で日本語を教えているある女性（大連郊外のりんご農家の娘）の家では新年に「猪（中国では豚のこと）」を殺して食べた……と言っていた。「え？　今年は猪年なので年の初めに猪を殺して食べたのか？　それでは去年は犬年だから犬を食べたのか？」と思わず聞いてしまった。

その女性は「犬は食べません！」と怒るように答えて、「我が家では毎年1月1日に猪（豚）を殺して食べるのだ」と説明した。ほかの人はどうだかと聞いたら食べないと答えた。新年に豚を食べるのは北方の農村の習慣だそうだ。更にこの家では豚の血を腸につめて「血腸」を作って食べるという。

彼女はこれが大好きだという。小川さんは好きですか？　と聞かれたので「血腸」は食べられませんと答えると、なぜ嫌いなのですか？　と聞いてきた。日本では長い間動物の肉は食べない習慣があり、日本人が肉を食べ始めたのはまだ100年くらい前からだと説明したがあまり理解されないようだった。

豚の血の加工品はタイやマレーシア、韓国でも食べた経験はあるが、食べてみると実際は美味しいのだが先入観があり食べようとすると喉が詰まる感じがする。やはり私にとって食べづらい食品だ。

日本人商工会の忘年会

日本人商工会は大連で事業をしている個人、企業で構成されている親睦組織だが、毎年忘年会と新年会が開催される。忘年会は大連市のすべての日本人を対象としたもので、新年会は開発区だけで開催される。これらの会に初めて参加させてもらった。

忘年会はさすが中国で第2位の組織を誇る大連日本人商工会だけに約900人が参加した。会場に着くとなぜか申し合わせたようにチャイナドレスで着飾ったご婦人たちと、同じく中国服を着た子供たちであふれていた。以前から参加している人に聞くとこの姿は特に申し合わせたのではなく自然にこういうスタイルになったそうだ。もちろん普通の服で来ている人もいるし、あるいは洋風のドレスでこられたご婦人もごくわずかいた。忘年会は年に一度の社交パーティーなのでそれぞれのご家族も楽しみにしているように思われた。子供たちも会場いっぱい楽しそうに走り回っていた。それに対し男性はやはり仕事の延長みたいな雰囲気で、それぞれ会社単位で纏まっている。私は現役を退いた身でありほとんど知り合いもなく雰囲気を楽しむようにうろうろしていた。その中である医療サービス会社の20代の女性が名刺を渡しながらさりげなく事業の宣伝をしているけなげな活動をしている姿には感心した。私も声をかけられ少しだけ雑談をさせてもらった。

忘年会のお楽しみは各企業から提供された商品などの抽選会がある。景品が豪華なのでみな楽しみにしており抽選会まで誰も帰らない。私も幸いに某社提供の防寒ジャケットが当たった。

年が明けて1月20日開発区の新年会が開催された。参加人数は約３００人だった。開発区は家族を帯同して住んでいる日本人は少ないためご婦人および子供たちの参加はチラホラだったのは仕方がないことか。新年会らしくそれぞれ仕事でお付き合いのある人たちの挨拶の場でもある。やはり楽しみはショウと抽選会だ。今年のショウは民族舞踊団の踊りが演出されて初めての私にとって楽しかった。抽選会では私は富山県の某コンニャクメーカーが大連で製造しているコンニャク一箱が当たり、一部友人にわけ、残りを家に持ち帰ったが、コンニャクはおでんに入れ、イトコンは肉じゃがに入れよう。

中国も「初笑い」

春節が近くなると、テレビでは日本で言う「マンザイ」の番組が多く見られる。大連に来て約４ヶ月になるがこれまであまりマンザイ番組など目にしなかったような気がする（気のせいかもしれないが）。最近は歌番組を押しのけてお笑い番組がいわゆるゴールデンタイムの主力になっている。このことについて中国人に聞くと、多くの家族は正月に皆帰郷し家族そろって正月を過ごすため家族みんなでお笑い番組を見て楽しむのだと言っていた。このため正月までまだ２週間以上あるのに正月の本番を目指して「マンザイ選手権（相声大賽）」みたいな番組もやっている（賽とは競技という意味）。それぞれがみなプロの芸人のようだが中国は広いので各地方の芸人が中央に集まりそれぞれの技を競い正月番組を飾るのだろう？　中国のマンザイは「対口相声」といい、古くからの伝統芸のようだが、文字どおり２人が掛け合いでやるいわゆる「シャベクリ」マンザイだ。話術の巧みさで人を笑わすいわばマンザイの古典的なスタイルで日本では最近見られなくなった芸だ。もっとも私にはさっぱり分からないが雰囲気だけは感じられる。

マンザイ以外にも関西では誰でも知っている吉本新喜劇と同じような舞台もやっている。これなんかは吉本新喜劇の真似だと思うが、どうだろうか？　それともこちらが本家なのか……でも観客は皆腹を抱えてゲラゲラ笑っているし動作からも言葉が分からなくても楽しめる番組だ。年末前は番組の司会（主持人）は美男美女の司会者が多かったが、この頃の番組では明らかに「お笑い芸人」といわれる人が番組を進行しているようにも感じられる。やはり家族団らんは楽しくなければならない。これから正月まで暇な夜はお笑い番組を楽しもう。

大晦日（中国では大年三十という）にはテレビ番組も1年の総決算とも言うべきか、中央電視台を含めて全国の地方テレビ局が合同で『春節晩会』を放送する。大晦日の夜8時から年が明けて12時半までぶっ通しで放送する国民的な番組だ。したがいどのチャンネルを回しても同じ番組をやっている。この番組には現在の中国で活躍している歌手、マンザイ、小品（コント）などの芸能人や各界の有名人がすべて出演する。この番組は基本的には歌番組なのだがマンザイが中心的な役割を果たしている。私には誰が人気があるのか分からないがとにかく中国人にとってこの番組を観ながら家族全員で年を越す番組だそうだ。中国人に視聴率のことを聞いたら中国人全員が見ているので視聴率は１００％だと言っていた（実際は80数％らしい）。国民的番組と言っても過言でないくらい人気番組だ。全盛期のＮＨＫ紅白歌合戦みたいなものだ。

　私にとって歌やマンザイは正直言ってあまりよく分からないのだが、圧巻だったのは少数民族の踊りが各民族ごとに演出されたが見ごたえがあった。ウイグル族の踊りなどは衣装もダンサーの顔付きも東洋人のものでなくて西洋人そのものだったのには（知識として知っていたものの）改めてシルクロードの歴史みたいなものを感じた。２０００年も以前からローマと東洋との交易で中心的な役割を担っていたウイグル族を始めとして、今は滅んでしまった楼蘭の貴婦人（ミイラで発見された）のことが思い出された。

春を迎える食べ物

・春餅

２月４日は立春である。テレビのニュースでは北京の有名な中華料理店の前で「春巻」を買うために行列を作っている光景を映していた。「春巻」を食べないと立春を迎えた気がしないと解説していた。北京では立春に「春巻」を食べる習慣だそうだ。これは春野菜などで作った餡を入れて立春の頃食べるので「春巻」という名が付いたそうだ。

この話を会社で話したら大連では「春餅」を食べる習慣だという。この「春餅」とはどんなものか聞いたところ、小麦粉を丸く薄く延ばして（クレープみたいに）焼いたものに〝ジャガイモの千切り炒め〟や〝もやし炒め〟など野菜をのせて包んで食べるものだそうだ。春巻みたいなものだが、春巻は皮がもっと薄く一般的には油で揚げて食べるものだと言っていた。春巻はスーパーなどで冷凍品がいつでも売っておりいまや立春だから食べるという感覚は持っていない……という味気ない答が返ってきた。

いずれにしてもこの時期未だ冬の真っ盛りであり春を迎えるどころではないのだが、早く暖かい春が来るように（あるいは今年一年豊作であるように）との祈りを含んでいるのだろう。

春餅を食べる地方と春巻を食べる地方と若干違いはあるようだが、大連では春餅を食べるほうが多いそうだ。私の中国語の若い先生は「春巻を食べるなんて知らない」とにべもない。都会の若い人は古いしきたりなどは関係ないのだろうか？　日本も同じだが。

・餃子

春節（旧正月）には餃子を食べる。毎年大晦日になると（中国では大晦日といわず大年三十という）家族総出でたくさんの餃子を作り12時を過ぎると皆で餃子を食べ新年を祝う。昔食べ物が十分でなかった時代栄養もあり主食にもなるため特に正月などお祝いのときに食べたものらしいが、今では中国を代表する食べ物になった感がある。形が貨幣の〝元宝〟に似ているため〝招財進宝〟の意味もありお金が貯まるようにとの願いを託するという人もいる。また、別の中国人は〝餃子〟が〝交子〟に通じ旧年と新年に交わるという意味から12時を過ぎてちょうど年を越すときに餃子を食べるのだと説明してくれた。理屈はどうであれとにかく新年は餃子から始まるといっても過言でない。もともと中国では餃子といえば水餃子を指しており焼き餃子は餃子のうちにはいっていなかったが、正月など

焼き餃子の写真

にたくさん作った餃子があまったとき、再度温めなおしたのでは美味しくないので焼いて食べたことが焼き餃子の始まりらしい。したがい、焼き餃子はあまりものの再利用という発想で料理とはいえないらしい。もっとも最近は皮を薄くした焼き餃子もあり餃子専門店では焼き餃子も出てくる。今では焼き餃子も中国人の中で市民権を得たようでテレビでも盛んに焼き餃子のコマーシャルを目にする。単身者には便利な食べ物で美味しく食べられる（上の写真が今人気の冷凍の焼き餃子。これは味も形も日本の餃子だ）。大連にも餃子専門店があるが、メニューを見ると皮と餡の組み合わせで何十種類もの餃子があり、メニューを見ていろいろ注文するのが楽しい。

・麺

縁起ものとして正月の2日に麺を食べる習慣もある。日本の年越しそばと同じで長く延びることから〝長寿〟を願って食べるそうだ。

その他にも中国独特の正月料理もたくさんあるそうだが、若い人に聞いてもあまりよく分からないのでやめておこう。

中国では一年を通して「二十四節気」というものがあり立春が一番最初の旧暦の行事であり、それぞれの行事にはそのときどきの縁起料理を食べるようだ。少し先走りするが端午の節句には「ちまき」を食べるのも中国から来ている。

・元宵団子

旧暦の正月15日（初十五）で春節が終わる。春節最後の夜は新年最初の満月の夜でもある。正月15日は小正月といい元宵節ともいうがこの日に「元宵団子」を食べる習慣がある。ちょうどこの日は日本に帰国中だったため、大連に戻った後この「元宵団子」を友人が持ってきてくれたので食べてみた。

　この団子はもち米の粉で作った団子の中に黒ゴマ、胡桃（くるみ）、サンザシなどの甘い餡を入れたもので餃子みたいにゆでて食べる。甘い饅頭みたいなものだが、中国では節目節目（二十四節気）に伝統的な食べ物を食べることは前にも書いたが、人々はこれら伝統にこだわっており外国人の私にもムキになって食べろと薦めてくれている。大変美味しかった。

春節点描

　中国の正月は春節なので春節から新年が始まる。そのため年賀状（賀年片という）も春節に送ったりする。ちなみに〝元旦〟は新暦の１月１日を指し旧暦の１日（初一）は元旦とは呼ばず〝正月〟と呼ぶ。我々日本人にとってややっこしい。

　伝統を重んじる中国では春節を迎えるにあたり様々な行事や習慣がある。これまでに周囲の中国人から聞いた習慣をあげてみる。

・春聯（チュンリエン）

門や戸口におめでたい文字を書いた赤い札を貼る。年末になるとこの札がスーパーや路上で大きく店を広げて売っている。日本で言えばさしずめしめ飾りだ。縁起物なので早速我がアパートのドアに貼ってみた（上の写真がおめでたい文字の書かれた札）。中心の「福」の字は「福到家」（つまり幸せが家に来る）という意味から来て「福倒」に引っ掛け本来なら「福」の字をさかさまに貼るそうだが、周りを見るとどこの家や商店も「福」の字を逆さまにせず普通に貼っているので私のアパートも普通に貼ってみた。

福到家の写真

・辞歳（チ・シュイ）

ゆく年を送る。大晦日の夜、12時を越えたときに一家そろって挨拶をする。

また寝ずに年を越すことを「守歳（ショウシュイ）」という。挨拶の言葉は「祝你　春節快楽　万事如意　心想事成　笑口常開　恭禧発財　合家団圓　歩歩高昇」と口をそろえて言うそうだ。子供たちはお年玉がもらえるので一生懸命覚えて叫ぶとのこと。

　それに先立ち新年を迎えるにあたり下着から服まですべて新しいものや洗濯したきれいなものに着替える。中国では「赤」が縁起のよい色なので下着から靴下まですべて赤色でそろえ着用する。このためスーパーでは赤い下着が山と積んで売っている。これらの事を中国人にあまり執拗に聞くので私も買わされる羽目になったが、赤のパンツまで穿くのは誰も見ていないとはいえ恥ずかしいので赤い靴下のみ買った。これを穿いて新年の初詣に出かけよう（赤い靴下は染色が悪いため洗濯したらほかの白い下着が赤く染まってしまった。赤いパンツを買わなくても済んだようなもの）。

・爆竹を鳴らす

新年を迎えると同時に各家では爆竹を鳴らし新年を祝う。中国では爆竹や花火がなければ新年を迎えた気がしないらしい。街のいたるところで朝から爆竹や花火を鳴らしている。私の会社などは長さ10メートルくらいのすだれみたいな爆竹をクレーンでつるし派手に鳴らしていた。下からは昼間から花火を連発して新年を祝っていた。

36連発の花火

これら爆竹などは普段は専門店でしか売っていないものなのだが春節前には普通の店、昨日まで食堂だった場所が花火を山と積んで売っている。最近の花火は大型のものでもカセットみたいになっていて点火すると36発が連続で打ち上げられるようになっている。（上の写真が大型の花火。アパートの前の道路でも盛大に打ち上げている）

アパートの窓から外を見ると8時頃からプロによる本格的な花火が右のほう（海側）でも左のほう（山側）でも上がっている。これはアパートの窓から見物した。11時ごろから住民たちの年越しの花火や爆竹が始まる。12時前がピークになりそこら中で爆竹と花火が同時に点火されるので爆弾が落ちたようなものすごい音と硝煙に包まれる。とても筆舌に尽くしがたい。この体験がしたくて春節に帰国せず残ったので残った甲斐があった。もちろん家を飛び出し街中をうろうろして楽しんだ。そして12時が過ぎると下火になり12時半には音がほとんど聞こえなくなった。爆竹の材料の一部（薬きょうとでもいうのか）が街中散乱している。

たとえて言うなら日本の秋・街路樹の落ち葉が道路いっぱいに散っているように爆竹の赤い紙片がそこいら中に堆積している。しかし朝起きて外を見たら驚いた。掃除隊が早朝から出動して街中きれいに掃きあげており9時ごろには何事もなかったようにきれいになっていた。

・新年の準備

行事ではないのだが新年を迎えるにあたり各家では徹底的な大掃除を行う。また家庭の主婦は新年の食材を買いそろえ準備をする。新年の5日までは何もしなくてもいいくらいの食事を準備する。ある主婦が作る料理や準備するものをマニュアルのようにすらすらと書き上げたのには驚いた。春節料理は最低10種類作り家族数により12種類、14種類、16種類……と偶数の料理を作るのが決まりだそうだ。日本ではスーパーも元日から開いているところがあるため最近はだんだんおせち料理を作る家も少なくなったようだが中国では未だこのような習慣が残っており既婚の事務員さんたちは春節前は寝る時間が少なくなるほど忙しくなるといっていた。

・床屋

きれいにして新年を迎えたい気持ちは日本も同じだが大晦日の夜、ほとんどの店が閉まっているのに床屋だけが明かりを煌々として営業していた。ちょうど私も髪が伸びていたし夜もヒマなので入って散髪してもらった。聞いてみると大晦日は10時まで営業しているそうだ。料金は20元（300円）、日本の10分の1だ。ここは美容院もかねており女性のお客さんが多かったが散髪もやるとのことでお願いしたが、丁寧な仕上がりで気に入った。次からもここにしよう。

・初詣

あまりこのような習慣はないようだが、信仰の深い人たちは年を越すと同時にお寺にお参りする。

私もこちらでは一人のため大黒山の寺院に初詣に出かけた。この詳細は別項で詳しく報告する。

これら古きよき習慣が現在でも綿々と引き継がれて新春を祝っている。今でも幸いにして大いに盛り上がっているが、近代化が急速に進んでいる中国では都市部を中心にだんだんと減っていくのが心配である。

日本では地方ではこのような古きよき習慣が引き継がれているが、都市部ではドライになったというか古き習慣が既に見られなくなったのは寂しい気がする。

・正月の終わり

３月20日夜、外で爆竹や花火が派手に鳴り出した。何のことか分からず翌日会社で聞いてみたらこの日は旧暦の２月２日で正月はこの日で終わりの日だそうだ。旧暦１月15日は小正月で正月の行事はすべて終わりなのだが、旧暦２月２日が正月（１月）の終わりなのはなんとなく分かる。この日から農民は本格的な農作業に入るのだそうだ。また、大晦日（大年三十）からこの日まで髪の毛を刈ると不幸になるとの言い伝えから、旧暦２月２日に初めて髪を切るといわれ散髪屋にはたくさんの人が押しかけるそうだ。

私は大晦日に床屋に行ったまでは良かったが、新年は既に１週間前散髪を済ませてしまった。最初から分かっていればこの日まで延ばしていたのだが……

当事者だけが半休になる祝日

3月8日は国際婦女節（国際女性デー）で祝日に当たる。この日は女性社員のみ半日休日になり午後からみな帰ってしまった。中国では祝祭日がいろいろ決められているが、すべての人が休日になるのは「元旦」「春節」「五一労働節」「国慶節」「中秋節」でその他の祝日は該当者だけが一日または半日休みになる。他には「六一児童節」「八一建軍節」「教師節」がある。その他記念行事だけを行い休日にはならない祝日もある。やはり休みにならないと祝日を祝う気が起こらないのは私だけか？　婦女節では中国の殿方は家に帰るといろいろお手伝いとかで奥様に奉仕するのだとか。

金の「ブタ」年

日本では今年は猪年だが中国では「ブタ年」といっている。特に今年は60年に一度めぐる「金のブタ年」だという。この年に生まれた子供は一生お金に不自由しないと信じられている。このため今年は新年からベビーラッシュのようだ。新年といっても旧暦の新年であり春節以降生まれた子供が金運に恵まれる。

中国ではこのように古くから伝えられている縁起みたいなものが普段の生活の中でもたくさん信じられている。数字でも日本では「7」が縁起のいい数字だが、中国では〝八〟が末広がりでもっとも縁起の良い数字だといわれている。このため昨年の11月18日がちょうど旧暦の10月28日にあたり新暦、旧暦とも〝八〟が付くのでダブルの末広がりで将来金持ちに成るという願いをこめて、この日に婚姻届を出す人が殺到して結婚登記所に長蛇の列ができたというニュースを思い出した。この日に結婚すれば生まれた子供は「金のブタ年」生まれになるため、トリプルの幸せが得られるという期待も先読みしていたのかは私の推測だが、当たっているかもしれない。

新年の挨拶言葉でも「恭禧発財」（お金儲けができますように）や「歩歩高昇」（とんとん拍子に出世するように）といわれているように現実的な願いや縁起が普段の生活に溢れている。

とにかく今年はベビーラッシュであり、専門家の予想では、２２００万人が生まれるという。

清明節

4月5日は清明節だと会社の日本語教室の生徒たちが教えてくれた（生徒はまた増えて8人になっている。毎日の話題を生徒たちから提供されるのだがこの日も清明節をテーマに日本語と中国語のチャンポンで会話のレッスンをした）。この日にはお墓参りに行く。また、ちょうど日本のお盆のように夜になると「迎え

清明節の迎え火

火」を焚き先祖の霊を迎えるのだという。上の写真は夜街を歩いていたら道の傍で「迎え火」をしている親子に出遭ったので、許可を得て写真を撮らせてもらった。迎え火は「焼紙」と言い、絵に描いたり、印刷されたお金を燃やして先祖の霊がこの世に下りてくるときお金に困らないように……という意味をこめて燃やすのだそうだ。どうも中国の行事はお金に関係するまじない、というか現実的な縁起担ぎの慣習が多い（前述の金のブタのときも書いた）。もちろんお金がもっとも一番大事なのだが、中国では日常からお金に対して細かい。余談だが『Forbes』が毎年世界の富豪千人を発表するのだが、中国人のランクインはアメリカについで第2位になったという。今、高度成長期にあり一攫千金を狙っている人たちも多く、事実大成功している話も聞く。そのためか異常に金銭に対し貪欲な感じがする。

お金の話はさておき、清明節では「春遊」といってピクニックに出かけたり、凧を揚げる習慣がある。つまり、墓参りにしても凧揚げにしても暖かくなったので外出しよう！　ということだ。昔の人は冬はジッと家にこもっていたのだろうか？　日本のお盆と正月の習慣が一緒に来た感じである。

六一国際児童節

6月1日は国際児童デーという祝日になっている。祝日といっても休日ではなく幼稚園や小学校などで遊戯会などの催しが午前中行われ午後は休みになるという。また、いつも行く理容院兼美容院はこの日は「終日児童は無料」という横断幕を掲げていた。もっとも普段散髪屋に子供が来ているのを見たことがないのでキャンペーンだけのための無料デーなのだろう。

児童デーの話題として興味のあるニュースがこちらで報道された。報道によると国際児童デーに合わせて北朝鮮が遊覧船に子供たちをたくさん乗せて鴨緑江ツアーを実施したそうだ。

鴨緑江の源流は長白山に始まり黄海に注ぐ、中国と北朝鮮の国境にある大きな河で、河口付近には中朝友誼橋という大きな橋がかかっており中国側丹東市（戦前は安東と呼ばれていた）と北朝鮮を結んでいる。現在では丹東側は高層ビルが林立し対岸の北朝鮮とは大きな違いを見せている。北朝鮮側は迎賓館らしき建物や造船所などがあるのだが老朽化しており貧困にあえいでいる姿がうかがい知れる。夜間は明かりが全く見えず暗黒の世界になっている。これに対し中国側は夜間高層ビルをこれ見よがしに煌々とライトアップして中国の繁栄を誇示しているように見える。

このような状況の中で北朝鮮側が大型遊覧船にたくさんの子供たちを招待し繁栄の中国を見せるのはどんな意図があったのだろうか？　何の意図があったのかは想像できない。

また鴨緑江には遊覧船がありたくさんの中国人が遊覧船に乗り北朝鮮側川岸20

メートルくらいまで近寄り貧しい北朝鮮を見学するツアーを毎日やっておりたくさんの中国人が中国の繁栄を実感しているように見える。私も2006年7月遊覧船に乗って北朝鮮側を見学した。

(文化大革命の頃中国人民は毛沢東語録を片手に毛沢東バッジを胸に今の北朝鮮と同じように共産革命を目指し、結果的には多くの人民が貧困と飢えに苦しんだ経験があった。2006年時点から見てまだたったの30年前の記憶だが、中国人たちはどんな思いで見学しているのだろう)

中国でも受験生は合格祈願

中国では新学期が9月に始まる。したがって入学試験は夏休み前の6月に始まる。今年は6月7日、8日全国統一大学入学試験(高考)が始まった。今年は大学受験者が1010万人に上るという。昔から科挙の国・中国といわれるように、出世するには有名大学を出ていなければならないので受験戦争も熾烈だ。以前に高中（日本で言う高校）の受験戦争も大変だと書いたが、大学受験もそれ以上に大変のようだ。「高考」の成績順で希望する有名大学に割り振られるためこの日を目指して全国の高校生が日夜勉強に励んでいる。もちろん有名高中ではほとんどが入寮制であり、入学したその日から夜遅くまで缶詰になって勉強漬けになるほどだからそれぞれの学力は紙一重だと思う。したがって最後の最後は「神頼み」になってくる。このためテレビや新聞が受験生や親たちが真剣に「合格祈願」をしている風景を報道している（日本のマスコミと同じだ）。

　学問の神様仏様は中国では「孔子」と「文殊菩薩」が定番だ。孔子廟（孔廟）は孔子の生誕地青島（曲阜）を始め北京など数箇所に限定されているので大連にはない。しかし孔子像はいろいろなところに建立されておりここが受験シーズンになると賑わうようだ。ちなみに孔子から数えて第77代の子孫が蒋介石と一緒に台湾に逃れたため台湾のほうが孔子信仰が高いそうだ。数年前台湾に行ったとき台北の孔子廟を参観したが平時でもたくさんの人が参拝していた――孔子に勝るとも劣らない学問の仏様は文殊菩薩だ。

文殊菩薩はお釈迦様の弟子の中でもっとも頭のよい菩薩といわれ数少ない実存の仏だそうだ。このためか仏教では「知恵の文殊」として信仰されている。日本でも奈良の安倍文殊院は有名で、私も子供たちが受験のときは家族でお参りし絵馬を奉納し合格を祈願したことがあった。

中国のお寺でも文殊菩薩が文殊院という堂宇に独立して祀られていることが多くこの時期になるとたくさんの受験生や親たちが文殊菩薩に祈願する。大連の大黒山山ろくの朝陽寺や観音閣にも文殊菩薩が祀られており、たくさんの人が線香や花を奉納してお参りしている（６月３日の観音閣廟会にたくさんの若者が来ていたが「高考」前のためこの日のお目当ては文殊菩薩だったのかもしれない）。受験勉強も万策尽きて最後は仏の加護により合格を勝ち取りたいのはどこでも同じだ。

端午節

　6月19日は旧暦の5月5日だ。この日は中国では端午節（端午の節句）と言い家々では門口に桃の枝や猿の人形などを飾る風習がある。漢族の大切な伝統行事だ。またこの日は粽（ちまき）を食べる。

　日本ではこの風習を取り入れ新暦の5月5日のこどもの日を端午の節句として中国の風習を取り入れているが、粽を食べる以外には端午の意味を理解せず取り入れているようだ。端午節では悪霊を追い払い無病息災を祈る行事だそうだ。

　桃の枝を門口に飾ることで気が付いた。私を中国語の道に導いたボランティア仲間のＭさんが「鬼」の研究をしているため私も関心を持って鬼について少し調べた。中国では悪霊＝鬼という考え方があり古代後漢の頃から伝奇書の中に「桃の木の下で兄弟がトラを使い鬼を退治した」とか「桃の種子は汚血や膿を取り去り百鬼を殺す」ことから鬼は桃の木を恐れるという伝承が一般に広がったため現在でも悪霊を追い払うため桃の枝を門口に取り付けると理解していいようだ。私に端午節には桃の枝を飾ると教えてくれた中国人にこのことを話したら逆に驚かれた。中国人でも桃に関する由来について知る人は少ないそうだ。日本では桃の節句といえば3月3日の女の子の節句であり、中国の端午の節句とは全く意味を取り違えて使っている。

端午節には門口に桃の枝を飾る

　この時期、桃の収穫期だ。街角のあちこちで上の写真のように車（リヤカー）にのせて桃を売っている。

　中国の伝統行事は旧暦（農暦）にしたがって行われるが、端午節は無病息災を願う節句なので上記の故事により桃の季節に合わせて端午節を決めたのかもしれない。

第3章　大連を歩く

～ときには遠出も～

【大連開発区】

(1) 日本人街

大連に来てから早や3ヶ月が過ぎた。日頃見聞きした事柄や、気が付いた事柄をときおり文章にしたためているのだが、読み返してみると行動半径の狭さが感じられる。これまでの3ヶ月はほとんど自宅、会社、中国語学校の往復であり、ときおりカラオケに行く程度で毎日が代わり映えのしない生活を送っている。特に当初は会社での業務はそこそこで毎日かなりの時間を自由行動にと予測してきたのだが、思いのほか会社での業務が多くなり行動半径が狭められている。そのため大連市内の観光地も日本人来客が来たとき車で一度行ったきりである。できたら電車やバスに乗ってゆっくりと市内を見て回りたいのだが未だ実現していない。

今住んでいるのは「大連開発区」で旧大連市内から車で約40分のところに位置している。日系企業が多く進出している工業開発区のため日本人が多く滞在している。

いる地域だ。これまで開発区内の事柄を書いていたが所詮新興都市（新興都市とはいえ人口は約20万人〔２００６年時点〕の大都市）であり毎日生活すると少し飽きが来るのは否めない。家族を連れて駐在している人の話によると、開発区は家族にとって普段行くところはマイカル周辺の繁華街程度であり2、３回行けば飽きてしまう。それ以外に行くところがないので退屈である……というような考えもあり、ほとんどの家族を伴っての駐在員は旧大連市内に住むようになるとのこと。日本人学校が旧市内にあるのも理由の一つだ。旧市内はやはり大都市であり都会生活に親しむには良いところだと思う。

　ただし開発区には「アカシヤ別荘」という日本人が集中して住んでいるところがある。ここは表現が悪いが塀に囲まれた住宅街とでも言うか、確かにセキュリティは確保されているが日本人だけの閉鎖されたミニ団地という感じもしないではない。子供たちも中国人とは離れて別荘内で遊んでいると聞いている。安全第一を考えれば仕方がないことか。ここからは日本人学校にもスクールバスが出ている。「アカシヤ別荘」の近くには打ちっぱなしゴルフ練習場もある。

このような理由で開発区には日本人はたくさん住んでいるがほとんどが単身赴任者だということもうなずける。

（2）温泉施設は中国人も大好き

開発区に2、3年前温泉ができた。一般的には温泉は中国人になじみがない娯楽・保養所だが、開発区の大手ホテル業者が4階建ての温泉施設を作った。中は大浴場、サウナ、野天風呂、温水プールなどの施設のほか、演芸場、休憩室、マッサージ室、レストラン、宿泊施設など一時日本で流行ったヘルスセンターと同じような構成になっている。大浴場には温泉の意義について説明書きが表示してあるが、それによるとこの温泉は「1500メートルの地中から32度の温泉が湧出しており、日本国東京都の中央温泉研究所（本当にあるのか疑わしいが）の分析では日本の温泉の規格を満たしている（中略）また、古来中国では秦の始皇帝の頃から温泉の記録があり、楊貴妃も美容のため温泉を好んだ……」と書かれている。この温泉は相変わらず人気があり昼も夜も高級車で乗り付ける中国人が多い。

中国人は人前で裸を見せない習慣だと思っていたが、これが新しい文化なのか大浴場には大勢の中国人が裸で楽しんでいる。休日には家族づれで来て一日中楽しめるようになっている。もちろん入浴は男女別々だが、出てくると共通スペースになっておりそれぞれ休憩室でゆったりとしたソファーで大型テレビを観てもよいし、プールやジムで体を鍛えてもよいし、演芸場ではいろいろ出し物をしているようだしゆっくり楽しめるようになっている。しかしこの温泉も入場できるクラスはやはり金持ちクラスになるようだ。あるいは社用族か自営の商店主が多いようだ。一般サラリーマンには手が届かないかもしれない。支配人は日本人なので入ってみると運営の仕方は全く日本と同じだ。

ここは私のアパートから歩いて20分程度なので（最近よく歩くので大概の場所は歩いて何分でいけるかで計っている。ちなみに会社まで歩いて50分、日曜日一度だけ歩いて会社まで行ったことがある）散歩がてら立ち寄ることもできる。

金馬市場と露天市場

初めの頃買い物は大型ショッピングセンターの地下の食品売り場で済ませていた。日本のスーパーと同じ感じだが、地元の人は生鮮食料品（特に野菜）は高いし新鮮でないと言っていた。アパートから更に10分くらい遠くに離れた所に金馬市場という生鮮食料品の市場がある。ここはあらゆる野菜類が山と積まれているが安いのでいつもたくさんの人で溢れており常に捌けているので新鮮だ。ただし、それぞれが対面販売で売り場のおばさんと話をしながら買い物ができるが、地元の中国人は値切りながらうまく買い物をしている。私は言葉が不自由なので必要なものを指差し言われた金額を支払うわけだが一人分の野菜は、例えばほうれん草一束（日本の2倍くらいの量が藁で束ねてある）が日本円で20円くらいなので値切る必要はない（ただし、畑で抜いたばかりの泥付きであり枯れた葉など

金馬市場

をこまめに除き掃除しなければならないので手間が大変だ）。市場といえばごみごみとした路地でそれぞれの商店が乱雑に商品を並べ、芋を洗うように人で溢れ買い物をしている光景を想像していたが、さすが開発区の中心部にある市場だけにビルの地下にあり写真で見るように非常に小奇麗な市場なので驚いた。

　しかし開発区の中心からほんの少し奥に入った路上ではやはり露天のミニ市場が店開きしていた。道路の両脇に少しばかりの野菜や果物を並べ売っているが、このあたりは毎日店開きをしており歩道上には野菜のきれっぱしや食べ物の食べかすが散乱しており不潔で臭い。

裏通りのためか警察の規制は見逃されているのだろうか、何十メートルも続いている。ここらがよく見る中国の市場風景なのだが、開発区は近代的な新開発都市のため逆にこの光景が珍しくなっている。

街の中心部での路上での露店は開発区では禁止事項のようだが、週末になると繁華街のマイカルの脇の路上では買い物客がたくさん溢れているがここでも警察の目を盗んで路上で店を広げている。ただしこの場所はさすがに大掛かりな店でなく大きな風呂敷みたいな布を広げアクセサリーなど小物を売っており、とき折警察が巡視に来ると手際よく風呂式様の敷物をサッとまとめそ知らぬ顔で立ち去り、またしばらくすると店を広げるという「いたちごっこ」状態の露天商もいる。

ここ以外の場所では規制されていないのか、ほんの隣り合わせの路地では道の両側に常設の展示棚を設置しスーパー並みの量の商品を売っている。これはタイなど東南アジアなどでよく見る風景だ。

【童牛嶺】

（1）「童牛嶺」を歩く

10月後半に入り急に寒くなってきた。最初に学校に行った日は本当に寒い日で朝から木枯らしが吹き震え上がってしまった。実はこの日は会社のある一帯が停電のため振り替え休日となっていた。このため朝から近くにある「童牛嶺」という小高い山に出かけた。頂上までアパート（公寓）から1時間くらいのハイキングコースだ。

頂上にはＵＦＯをかたどった大きな塔があり展望台になっている。頂上から開発区が一望に見渡せる。アパートも見える。このへん一帯は「童牛嶺風景区」と称し綺麗に整備されている公園だ。夏になると夜遅くまでたくさんの人たちが夕涼みがてらハイキングや散歩に来るところだ。もちろん頂上直下の駐車場まで車で来られ駐車場から頂上までレトロな送迎バスがあり歩かずに頂上までいける。

車道の脇に木道で歩道ができており、月曜日の朝のためか車もほとんど通らずに気持ちの良いコースだ。ただし、今日は防寒の対策をしていかなかったため寒風にさらされ非常に寒い思いをした。先週は日本にいたためこちらの気候は分からなかったが、ここ数日で急に寒くなったそうだ。この季節寒くなったり暖かくなったり変わりやすい季節で日本と同じだと思うが、寒さの度合いが違う。冬は零下20度まで下がることもあるそうだが、今日はその準備期間かもしれない。

（2）縁起の良いナンバープレート

今日は国慶節が過ぎて3週間後の日曜日。例によってアパートから「童牛嶺」に散歩に行く。先週の日曜日はうんと寒かったが、今日は風もなく汗ばむ感じである。このため公園は家族づれやカップルでにぎわっている。今日はお日柄がいいのか「童牛嶺」へ行く道には新婚の車がひっきりなしに通る。山頂までの往復歩いて2時間足らずの間に新婚のパレードが十組以上通って行った。ほとんどの組の新婚カップルの車の前に撮影車が先行し車のパレードを撮影している。新婚カップルの車はリムジンがほとんどなのには驚かされる。これが最近の結婚式の定番になってしまったようだ。

新婚カップルを載せたリムジン

車のナンバープレートに注目。ナンバープレートには「百年好合」「永結同心」とかいわゆる「末永くお幸せに」的な言葉を印刷した紙を貼り付け走っている。ちなみに会社の事務員に聞いたところ誕生日にはHappy Birthdayの代わりに「寿比南山」とか「福如東海」と言うそうだ。何事も故事にちなんだ四字熟語が使われている。

今日は暖かく気持ちが良かったので散歩もゆっくりと歩き、あちこちの写真を撮った。実は例の新婚パレードの写真も長い時間一ヶ所に留まり次から次と来る車列をとったのだが周りの中国人は何をしているのだろうと思ったに違いない。前ページの写真、大連民族学院（Dalian Nationalities University）の学生たちが団体でハイキングに来ていた。その脇を新婚の車が通っている。2週間後、公園内に植えられていた黄色い花壇の花が撤去され新しい花を植える作業を行っていた。あんなに綺麗に植え付けていた花壇をすべて植え替えるとは、さすが大連市の仕事だ。中国では人の目に付く公園などは近年どこも綺麗に整備されている。山を取り巻くこの広大な公園も麓から頂上まで雑草などほとんど見当たらないくらい整備されている。相当な人手をかけている証拠だ。ただし、人目に付く公園は見事に綺麗にしているが、人目に付かない裏通りなどは（？）である。これが現在の中国を象徴している風景かもしれない。

（3）氷点下の気温で汗をかく

今年の1月は暖かい日が続き拍子抜けだった。12月は結構寒い日があり震えていたが、そのとき皆から「1月になるともっと寒くなる」と脅かされていた。ところが1月が過ぎてみると12月より寒い日がなかったような気がする。日本でも暖冬のようだが、中国人に聞くとやはり今年は少しおかしいといっていた。暖かいといっても相対的なもので毎日零下の日が続いており、零下10度を超える日がないということだ。

1月28日午前中雪の童牛嶺に行ってきた。3日前に降った道路の雪は既に消え、安心して横断歩道を渡ることができた。この日も暖かく汗が出てくる状態だった。学生時代の雪山の経験では零下10度以下になるといくら重労働でも汗が出ないことを思い出した。たぶん今日も気温は零下だと思うが登り道を急いでいくと汗が出てくる。

(4) 夕涼みと夜景

日が長くなり夜7時でもまだ明るい。今日は夕食後近所に住んでいる時計屋のお嬢さんを誘い夜の童牛嶺に登った（彼女はときどき中国語を教えてくれる。いわば先生だ）。夕方になると住民たちが夕涼みのためたくさん集まってくる。人出から言うとこの時期が一年中で一番たくさん人が集まってくるようだ。頂上は適当な風もありとても涼しい。また日が落ちると開発区の夜景がこれまた素晴らしい。

しばらく来ていなかったが、山頂から見ると住宅開発が更に進んでいるのが分かった。こんなにたくさん住宅を作って本当に埋まるのだろうか？　今でも空き家があちこちに見られるのに。

山好きオーストリア人と話が弾む

中国人から見たら我々日本人も外国人だが、同じ東洋人として日本人や韓国人は中々外国人とは呼びにくい。

しかし欧米系の外国人に対してはなんとなく「外国人」という意識を持つの

は中国人でも同じなのか？　欧米人に対しては見た目が違うからなのか多少意識するようだ。

近年欧米の会社が大連にも数多く進出しているので朝の出勤時などに迎えの車を待つ「ガイジン」をよく見る。長期滞在なら必ず家族と一緒に来ており夜ふらふらと出かけることはないのだろうが、やはり工場関係で出張している人たちはホテルや高級アパートに単身で滞在しているようだ。彼らはいったいどのようにして夜を過ごしているのだろう。彼ら「ガイジン」はよくカウンター式のショットバーなどで飲むらしい。したがいショットバー的な飲み屋も開発区には何件かある。よくいくカラオケクラブの３階にショットバーがあり見学した。ここではカウンターで酒を飲みながらビリヤードなどをして夜を楽しんでいる。開発区にはカラオケクラブがたくさんあるが、これらクラブは全部といって良いほど日本人向けで客も日本人ばかりであり外国人を見かけることはなかった。最近このクラブで「ガイジン」を見かけるようになった。あるときクラブの人から「小川さんは英語が分かるらしいので紹介する」と言われ一緒に飲む機会があった。このクラブには英語が話せる服務員がわずかながらおり、彼はいつも同じ服務員を指名して楽しんでいたが、同席して一緒に話しているとこの服務員も私が同席すると助かると言い、ちょっと顔出しをするつもりがとうとう閉店まで一緒に飲んでしまった（ちょっとしたタイコモチみたいなものだ）。このときはオーストリア人とドイツ人の２人だったが、オーストリア人のほうがたびたび来るらしく、ドイツ人のほうは短期出張のエンジニアでありすぐ帰国するらしかった。

　結構話が弾み「次はいつ来るのか？　そのときは連絡してくれれば必ず来る」と誘われた。その後、外で待ち合わせ一緒に食事を取りその後クラブに行く機会もできたが、このオーストリア人もいろいろ海外を転々としているらしく話題も共通することも多くかなり親しくなってきた。私が中国滞在中にぜひチベットに行きたいというと、彼も「私も同じだ」といい、私は山登りが好きだというと「私も好きだ」という風にだんだん調子が合ってきた。既に「好朋友」にまでなってきた。もしオーストリアにきたらマッターホルンに案内してやる……といわれた。飲んだときのノリで調子よく話も弾んだが、（注：マッターホルンはオーストリア・アルプスではない。飲んだときの勢いでかなりでたらめなことを話していた）機会があればこのうちどれかを実現させたい！

【学校探訪】

（1）少数民族の集まる大学

アパートから5、6分のところに大連民族学院という大学がある。この大学のホームページを見ると学生数１０６８０人、少数民族の学生が全体の65％を占め全国の26省から学生が集まってきているそうだ。そういえば私がこの近くに引っ越してきてからまもなく付近を散歩していたら民族衣装を着た幼稚園児くらいの子供と一緒の親子が校門前で記念写真を撮っていたことを思い出した。おそらく地方在住の少数民族の親子が将来この子にこの大学に入ってもらいたいとの願望から校門前で記念写真を撮っていたのだろうか？（勝手な想像だが）

ある日曜日にキャンパス内を散歩してみた。日曜日のためかキャンパス内には学生が少なかったが構内の掲示板には「空き部屋あり」「アルバイト募集」などの張り紙があったが、ウン十年前の私の学生時代を思わせる雰囲気があった。ついでに学生食堂も見学してきた。構内には学生寮も付設しているためか日曜日も営業していた。単品で約３～５元（約45～75円）で非常に安い。メニューの数がすごい。四川風だとか台北風だとか各民族ごとに調理場が分かれている。その数は数えてみたらざっと５００種類ぐらいありそうだ。美味しそうなので麺を食べてみた（四川風牛肉湯麺４元／約60円）。結構いける。他の学生の食べているのを見ると「あれも食べたい、これも食べたい」と癖になりそうだ。チケット売り場の小姐（お姉ちゃん）とも知り合ったことだしまた来てみよう。この話を中国人の友人に話したら家も近いことだし毎日学生食堂で食べたら安上がりで良いよ……と言ってくれたが、そうは行くまい。日本人のお爺さんが毎日食堂で食べているとなると学校中で評判になるだろう（冗談）。学生は電子食券を持っている。余談だが今や中国でもこの種のカードがはやりで、会社の社員食堂も食券がカード化されている。構内に12月２日開催される２００７年卒業予定者激励パーティーの案内パネルが写真入りで大きく掲示されていた。民族学院らしく各民族衣装に着飾った美しいお嬢さんたちが写っている（中国の卒業式は７月なのだがなぜ12月にこのようなパーティーがあるのか？）。

　話は代わって12月になると学生の多くは卒業前体験として各企業に実習に行くようだ。中国では日本のように12月の冬休みはない。私の勤めている会社にも大連大学（唯一大連の名前を冠した総合大学。他に大連の名前を冠した大学には大連理工大学と大連外国語大学がある）の学生が９人実習に来た。その中で私の職場には機械工学系および体育系の学生が３人入ってきた。就業してから３日後に大学の教授が学生たちの様子を見に来た。その教授が私のところにあいさつに来られたので名刺を交換したが、工学博士機械工学系教授の肩書きだった。少し雑談したが、その教授は日本の信州大学に留学してその後中小の工場で３年働いたそうだ。そのため日本語も流暢に話していた。50歳くらいの年代の人だが若い頃日本に留学したことはその時代のことを考えれば相当箔を付けてきたのだろう。今私のところにいる若い技術者も同じ大連大学の機械工学卒業で日本の町工場で３年間働いてきた経歴だが、その頃とは全然立場も違うだろう。

（2）地域の有名進学校

別コラムで私のアパートの窓から第八中学の校庭が見えると書いたが（１９１ページの写真参照）、この学校は実際は日本で言う中学校でなく高等学校だと分かった。中国の学校制度は日本と同じで基本は６・３・３・４年制なのだが呼び方が少し日本とは異なりそれぞれ、小学・初等中学・高級中学・大学となる。したがい高等学校は高級中学、略して「高中」と言う。履歴書には「高中卒」と記入している。校舎の壁に「八中」と表示していたので中学校と勘違いしていたのだが、よく観察してみると体付きも大きくやはり高校生の体格だった。

この開発区八中は遼寧省の中でも優秀な学校らしく遼寧省実験校に指定されている。おそらく有名進学校なのだろう。場所柄大多数の生徒は寮に入っており校内に学生寮がある。外から見ると非常に立派な建物で食堂の外側には「八中学生美食中心」と大きく金文字で書かれている。何事にも大げさな国柄だが「美食中心」とは恐れいります。

私が習っている中国語の若い先生はこの八中の卒業生だというのが判明した。彼女は家が開発区内にもかかわらず学生寮に入っていた。毎晩遅くまで勉強するので夜遅く家に帰るのは危ないということで寮に入っていたのだとか。ほとんどの生徒が寮に入っており自宅から通学する生徒は通学可能な近くに住んでいる人だけだと言っていた。正しく勉強漬けの学生生活のようだ。彼女によると開発区には高中（いわゆる高等学校）が3校しかない。高中に入れない生徒は中学を卒業すると3年制の職業専門学校（中専という）に進学しそれぞれの職業訓練をした後社会に出る仕組みになっている。したがって受験戦争は熾烈な様相だ。また八中の近くには開発区第七中学校がある。これは日本で言う中学校だ。短縮すると「七中」「八中」と呼んでおり片や中学校で片や高等学校であり外国人にはややっこしい。これも最近気が付いたのだが日曜日になると七中ではときどき模擬試験があるようだ。校舎の壁には生徒を鼓舞する激しい文調の横断幕が張ってあり、受験戦争の激しさを物語っている。模擬試験の当日には校門周辺で中学生がアンパンか何かおやつをかじりながら真剣に参考書など見ていたのが印象に残っている。上記の3つの高中に合格できなければ必然的に職業専門学校に進まなければならず、選択肢がいっぱいある日本と比べ物にならないくらい激しい受験戦争が想像される（開発区の人口は約20万人だが八中には大連市内あちこちから集まるそうで受験競争は熾烈のようだ）。

（3）小学校

八中の向かいには小学校がある（私のアパートの反対側の道路に面した向かい）。この周辺の近代アパート群に住む比較的高給取りの家族の子弟が通っているらしくみんな小奇麗だし、一人っ子政策の子供たちなので校門前には送り迎えの家族がいつもたむろしている。校門前の道路にはたくさんの乗用車が待機している。私の住んでいるアパートからも小学生が通学しているが、学校まで歩いて数分の距離なのに車で送ってもらっている（朝エレベーターでよく一緒になる子供だ）。

先に書いた大連民族学院も学生は寮に入っており、全校学生約1万人余のほとんどが寮生なので学生寮も高層建物が林立する。（1万人が住む）ちょっとした団地みたいだ。このようにして学生を1箇所に集め勉強やスポーツ中心の教育をしており、正しく「中国恐るべし」という感じだ。

公共交通で大連をめぐる

久しぶりに友人を誘い大連市内に遊びに出かけた。この日は電車とバスを乗り継いで市内の主なところをめぐったのだが、会社の車で運転手任せの観光と異なり自分の目線でいろいろ見て回れるのはなかなか良いものだ。開発区から大連市内までは快速電車が走っている（上の写真）。

大連市内行きの電車

車体は東芝の技術指導で生産された車両だが表向きは中国製となっている（他にも在来の線路に新型高速車両が今年から運行しだしたが日本の東北新幹線をモデルとした川崎重工の車両も中国で作っているため国産車両と発表している）。

改札やチケット発売は自動化されており運賃は4

元。大連市内行きはバスも出ており、普通バスは2元、急行バスは3元で快適さは値段差どおりだ。だが3元バスもゆったり座っていけるので快適だ。電車は全線高架になっており、つり革にぶら下がりながら車窓から見る景色は現代中国の縮図みたいなものを感じさせられる……高層ビル、造船鉄構工場、化学工場、日系工場群、港、造成中の工業団地、住宅開発、高速道路、おびただしいくらいの宣伝看板等々。

今日の予定はタクシーに一切乗らず公共バスのみを使って市内をめぐる計画だったので市内に網の目のようにめぐらされているバス路線を乗りまくった。料金は均一1元なので1元硬貨をたくさん準備して行った。市内だけでも70～80くらい路線があるので市内に住んでいる中国人でも乗りこなすのは大変だろう。とにかく地図を見ながら目的地に行くにはどこで乗り換えるのが良いのかまず乗る前から決めておく。今のところ土地勘が全くないので同行した中国人に付いていくのが精いっぱいだったが、次は一人で行き少しずつ慣れていくしかないが結構面白い旅だ。まだまだほんの一部しか行っていない計算になる。昼食を食べようとガイドブックに出ている地元の人がよく行く有名な東北料理店に行こうとしたが、地図には載っていないので1回だけタクシーに乗って連れて行ってもらった。

今日のコースは大連駅からまず歩いて10分ぐらいの旧ロシア人街に行った。かつて大連がロシアの租借地だった頃のロシア人の居住区だったところだ。ロシア風建築が並ぶ通りは異国情緒にあふれている（この表現はおかしいかな？　私にとって中国も異国なのだが、6ヶ月も過ぎるとだんだん中国慣れしてきて、もはや中国は異国という感じがしなくなってきており、このロシア風建築を見てここは外国なんだな！　という自然な感想だ）。表通りは２０００年に観光用に復元したものだが、裏通りに入ると老朽化した石造りのロシア風建物が残っている。

それに比べて旧日本人街は（今日は旧日本人街にはいけなかったが）、以前に行ったときの印象では、日本家屋は木造建築が中心であり戦後日本人が引き揚げた後大連市民が住み着いたのだが、家屋は老朽化し今や寂れた感じのする街に成っている。ただし門構えは日本の住宅そのものである。戦前日本人が住んでいた頃は「楓町」など日本名が使われていたが、今は住所表示は「楓林街」と中国名に変えられていた。

一般市民の住宅は古い住宅を取り壊し、高層マンション風の建物が林立しているが、日本人街は寂れているとはいえ「庭付き1戸建て住宅」のため少しずつたてなおし高級住宅街に変貌しつつある。逆に言えば日本人街の風情が消えつつある。

評判の交通警察

その後、中山広場、人民広場、労働公園など大連の中心部を歩いた。予定どおりバスを何度も乗り換えて回ったがやはり車でスルッと回るより時間がかかり、1日ではとても回りきれなかったため、また後日来てみよう（上の写真は名物の交通警官）。交通警官や騎馬隊の警官は大連郊外にある中国で最初にできた「大連モデル芸術学校」の卒業生が多く、美人ぞろいと評判だ。人民広場前の交差点で零下何度の寒空の下でも、夏の暑い日ざしのときでも交通整理を行っている。冬は寒さのため顔が隠されており美しいお顔立ちが拝めなくて残念。

最後はデパートめぐりとなったが、やはり面積、商品の種類などは日本のデパートとは比べられないほど多い（大きい）のでただ見て歩くだけでも圧倒される。中国の人たちの購買力を目の当たりに見ると経済の成長ぶりは現実のものと受け止めざるを得ないと感ずる。

【大黒山】

（1）新年初登山

年が明けて旧暦の正月（初一）だ。昨夜遅くまで爆竹やテレビ番組を楽しんだがいつもの癖で6時前には目が覚めた。以前から新年には近くの大黒山に登ろうと決めていた。このため数日前から天気予報を見て当日の天気を気にしていたが幸いにして快晴で気温も低くない。昼食を頂上で食べようと朝からご飯を炊き梅干入りのおにぎりを作った。

大黒山は開発区の北側の平坦地からいきなり聳える山で標高663メートル。遼東半島南部の最高峰だ。

大黒山

山全体が石英変質岩からなる岩山のため中腹から上はほとんど木がない。また山中には古寺がいくつかあり信仰の山として昔から近隣の人々に親しまれている。

登山口は4番バスの終点から始まる（ちなみに開発区内にはバス路線が8路線ある。いずれも運賃は均一1元だ。このバスは市民の日常の交通手段となっている）。上の写真の右奥の白いマンション群が終点の杏林小区だがこのように山の麓まで住宅開発が進んでいる。左側の白い建物は私が勤めている会社の一部。手前の上の部分だけ写っている建物が大連理工大学の新校舎だ。この付近は将来文教地区とする予定でこれからいろいろな学校を誘致するそうだ。大黒山は左側のテレビ塔がある山だが頂上にまで近代設備が建設されており登山を目標とする山としては味気ない。奈良の自宅近くにある二上山と高さも同じで信仰の山としても似ている（奈良の人にはイメージがわくと思う）。

前置きが長くなったが、以下行程に沿って簡単に紹介する。

バスを降りて30分ほど歩くと「唐王殿道院」に着く。ここは道教のお寺で歴史は古く隋・唐時代に建てられたが、現在のものはこぢんまりとしている。往時の隆盛に戻そうと再建計画があるそうだ。今日は正月のため道士たちが法衣を着てお勤めの最中だった。２月の初め訪れたとき写した道士が次のページ上の写真

初詣と新年初登山。唐王殿道院の道士

だ。写真を撮っていると自分たちも撮ってくれといってきたので写したものだがあまり人が訪れることがない寂れた寺だ。今日も私が行ったときは参拝客が一人もいなかった。お勤めの最中だったので次に行ったとき写真を渡そう。

唐王殿道院から上に続く道を約45分登ると石鼓寺がある。したがってこの道を通るためには唐王殿道院で上の石鼓寺の拝観料10元を払わなくてはならない。下が道教の寺、上が禅寺という組み合わせだが再建後は上下一体となる大伽藍となる計画だ。もともと唐王殿は石鼓寺の伽藍の一部だったそうなので元に戻すというのか、その辺の事情は解説書のようなものがないので分からないが、中国語がもう少し分かるようになれば上の道士に聞くこともできるのだがもう少し待ってみるか。

石鼓寺までは登山道以外に自動車道があるため寺に着くとたくさんの人が（といってもチラホラ程度だが）初詣に来ていた。

この寺も隋・唐代に山を切り開き創建された寺だが長い歴史の中で何度も建て替え現在の寺は近代になって造られたものだ。当時は大きな伽藍を擁する遼東地区最大の寺だったそうだ。また標高の一番高いところに位置する寺でもあると説明書きがあった（およそ標高５００メートルくらい）。

本尊は釈迦如来だが伽藍内に観音閣があり観音信仰の中心でもあるといい、旧暦3月の「観音閣廟会」には約20万人もの信者が参拝に来るという。私は法隆寺の観光ガイドをしている手前、仏像には多少興味があるため仏像をいろいろ観察したが、弥勒菩薩が布袋様のような姿をしていたのにはびっくりした。仏像がどんな形をしていようが勝手だが、〝世界三大微笑〟といわれている奈良・中宮寺の弥勒菩薩・半跏思惟像を見慣れているとその落差の大きさからなんとも表現ができないくらいの驚きだ（次ページの仏像に弥勒菩薩と表示してあった）。

弥勒菩薩

石鼓寺から10分ほど舗装された作業道を行くと大黒山登山道に着く。遠くから見ると大黒山直下、谷というかルンゼ（登山専門用語で急峻な岩溝）みたいな所に白い筋のようなものが一本下りていたが近くに来てみるとそれが登山道だった。この急な、普通ではとても登れそうもないルンゼによくも道を造ったな！　と感心する。道はコンクリートで固められた石段になっている。新道は１９９７年5月20日竣工とコンクリートに刻んであった。この直登ルートを約30分登ると頂上に着く。

頂上には無線基地があり山頂は人が数人立ったらいっぱいになるくらい狭い。ここからの見晴らしが素晴らしいそうだ。今日は快晴だったが空気は澄み切っておらず直下の開発区くらいしか見渡せなかったが、澄み切った天候のときは３６０度遼東半島の地形まで分かるそうだ。登山中私の後ろをズーッと付いてきた男が頂上で大黒山登山指導員みたいな身分証明書を見せて、今日登った道以外に西側のバリエーションルートは素晴らしいと盛んに説明してくれたが、この道は一人では危険なので案内が必要だとも言っていた。確かに以前ほかの登り道を下見したとき大連大学のキャンパス奥からも幾つか登る道がありそうだが岩場であり確かに難しそうだ。この指導員と思しき人は下りも一緒に下りたそうだったが、私はゆっくり下りるので先に行ってくれと言い別れたが、信頼していいのだろうか？　携帯番号を教えてくれといったが、「ない」と言って断った。このほかにも今日は何人かの人に声をかけられた。若い女性の２人づれから私がちょうど大黒山直下を下り終わったところで「一緒に登ってください」と声をかけられたのだが意味がよく分からず断ってしまった（下りてきた人にまた登ってくれ！はないだろう）。一緒に登ってやればよかったのかな？　とも今考えている。また車で来た親子3人づれが駐車場で休憩していると「下まで送ってやるので乗ってください」と声をかけられたが「歩いて帰るのでいいです、謝謝！」と断った（実は大黒山に一人で登ると中国人の友人に言ったら「悪い人がいるので一人で行くのはやめなさい」と注意されていたため若干警戒心は持っていたのだが、ここではいろいろな人から声をかけられる。だから山はいい！　中国語がもっと上達してもっと素直に成れればいいのだが、未だ初対面の人の見極めが難しい）。

帰り道には「点将台」という展望台や「卑沙城」という唐代の城（再建したもの）があり観光コースになっている。初詣で来た人たちが展望台では大勢歓声をあげていた。ここからは開発区が一望のもと見渡せる。真向かいにいつも登る童牛嶺や目を凝らしてみると私のアパートも見える。また、卑沙城は「高句麗が攻めてきたとき唐の皇帝が東に出征したときの古戦場であった」と説明している。

帰りは九十九折の自動車道を下るのだが自動車道では味気ないのでふみあとを見付けそこを下ってみた。なんとこの道は村の人たちの生活道路でお墓に通ずる道だった。道の両側に土盛りしたお墓がたくさん見られ一人で歩くには少し薄気味の悪い道だ。

下りきると「朝陽寺」という寺がある。ここは明代に創建された寺だと説明書きがあった。寺の駐車場には小さなお土産屋や物売りがたくさんいたが、こちらの寺のほうが上の石鼓寺より近いせいか初詣客が多かった。数年前日本のテレビ局で番組名は忘れたが、「中国にはニャンニャン観音がある」「へー」という番組で紹介された「ニャンニャン観音」がこの寺にあるというので確認に行った。上の石鼓寺もそうだったが、伽藍は真ん中に本殿があり左右に脇殿となる建物が配置されている。本殿には阿弥陀如来が祀られており、右側は天后殿といい、ここに「ニャンニャン観音」が祀られている。本尊が「海神娘娘観音」、右の脇侍が「送子娘娘観音」、左側の脇侍が「眼光娘娘観音」で3体そろって「ニャンニャン（娘娘）観音」というわけだ。どういうわけだか分からないがたまたま記憶に残っていたので紹介した。この観音様には「般若心経」が奉納されているので私も般若心経を唱えてお参りした。

この日の所要時間はお寺の見学を除いて大黒山まで登り2時間、下り1・5時間かかった。

(2) 範おばさんの農家煮物料理館

暖かくなって、前回から1ヶ月ぶりに大黒山に登った。今回は一人ではなく、社長と同僚の日本人と3人で登った。社長は中学生の頃荒れた山に皆で植林をしたといっていた。昔は燃料のため木が伐採され裸みたいな状態だったらしい。もともと岩山のため表土の下は岩になっているため植林した後の養生は大変だったと思う。おかげで中腹より下は若い木がよく生い茂っている。道路際のむき出しになっている岩肌を見ると根がわずかな岩の割れ目に入り込み生命力の強さが感じられる。

下山途中、朝陽寺の門前の小さな食堂によって昼食をとろうと入ってみたら、冬は（もう春になったと思うのだが）休業しており食事の用意はできないといわれた。それでも社長が説得して何とか作ってもらうことにした。材料がないのであるもので作るといわれたが出されたものを見るとなかなか立派なものだ。

店の名前は「範おばさんの農家煮物料理館」というだけあって田舎の農民が普段食べている料理だが素朴で日本の田舎で食べる料理に似ていて非常に美味しい。「ジャガイモとエンドウと豚肉の煮付け」など醤油味で絶品だ。突然の頼みなので家人が近所から豚肉など足りない材料を調達している間、調理室とか部屋・中庭など見せてもらった。調理場もなかなか清潔でこれなら安心して食べられる。食堂は暖房がないため特別に若夫婦の寝室兼居間に入れてもらい食事をさせてもらった。山間部であり冬は相当冷え込むため部屋は「カン」というオンドルのようになっており、ここで家族が普段生活しているのだという。

待っている間あちこちと覗かせてもらったが、突然若奥さんから日本語で話しかけられ面食らった。店に入ったときからこの若奥さんは何か私たち日本人に興味がありそうなそぶりをしていたのだが、こんな山奥に日本人が来るのが珍しいのかと思ったか、話しかけたくてうずうずしていたらしい。早速日本での経験など聞いてみた。5年前まで福島県白河市で3年間働いていたそうだ。日本にいたときはほとんど遊びにも行かず、会社と寮の往復の生活だったらしいが、その代わりお金はたくさん貯まったと言っていた（金額も教えてくれたが秘密です）。

研修に行ったときは既に結婚していて子供も一人いたそうだが、ご主人とお母さんに預けて一人日本に行ったのだとか（子供は私が行ったときは小学校低学年くらいの子だったが料理を運んだりお手伝いをしてくれた。またビールを飲んでいると、けなげにもお酌までしてくれた。文文「ウェンウェン」という名前の可愛らしい女の子だった。よくなついてくれたので、日本に一時帰国して大連に戻ったときは日本のおかしをお土産にプレゼントした）。

この食堂に日本人が来たことがあるかと聞いたら「来ない」と言っていたので、表に「日本語ができます」と書いたら日本人が寄るかもしれないよ！　とアドバイスしたが責任はもてない。実際大連駐在の日本人は一度は上の展望台やお寺に来ることはあるのだが、ほとんどが車で上まで来て、すぐ帰るのでこのような山の小さな食堂に入らないだろう。私も何度かこの食堂の前をとおり過ぎたことがあったが立ち寄ろうとは思わなかった。いろいろ会話を楽しんだ後、帰りには表まで見送りに来てくれたので「また来るよ！」と言ったら「また来てね！」と笑顔で答えてくれたので毎回よらなくてはなるまい。

（3）快晴！　遼東半島一望の見晴らし

翌週再び一人で大黒山に行った。今回は西側の尾根道から登ることにした。5番バスの終点「大連大学前」で下車して、バス停に待機しているバイクタクシーに乗って登山口まで連れていってもらおうと、オートバイの運転手に「登山口まで行きたいのだが知っているか？」と聞いたら「知っている」と言うので乗車した。あまりスピードを出したら怖いので「注意安全、漫漫騎」と言ったら理解してくれゆっくり走ってくれた。バイクタクシーは「観音閣」（別名・勝水寺）というお寺の駐車場に止まり、ここまでだと言われたが登山口は少し足跡らしき道があるところを指してこの辺だがよく分からない、と言いさっさと帰ってしまった。少し不安なのでこの足跡の道は採らず、取り敢えず道の反対側の観音閣へ行くことにした。観音閣は急な岩の斜面の洞窟に仏を祀りまわりに仏閣がへばり付くように建てられている。急な階段道の途中「入口」と書いた板が木に打ち付けられていたので多分ここが登山道の入り口だろうと思ったが、まずはお寺にお参りしようと登り続けた。かなり高度を上げたので寺から登山口があるだろうとあたりを付けていたのだが案の定、寺の脇に小道があり「朝陽寺方面」の看板がありやっと胸をなでおろした（この辺のことは誰かに聞けば分かることだが、私の周りの人たちは誰も知らないのでこのように行き当たりばったりの方法をとらざるを得ない）。

ここからはしっかりした道があり、しばらくは山腹を巻いていき20分ぐらいす

登山途中であった学生たち

ると岩の尾根道に出て下からの道に合流した。これが先ほどの「入口」と書いてあったところからの登山道かもしれない。

稜線に出ると木は背丈より低い高山性の木になりとても６００メートル級の山とは思えない。途中大黒山から下ってきた若い人たちに出会った。一言二言言葉を交わしたのだが日本人が珍しいのか私を携帯カメラで撮りだした。それで「私も君たちを撮ろう」と言うと皆ぞろぞろ集まり写したのが上の写真だ。わいわいガヤガヤ皆ケラケラ笑って「何がそんなに楽しいんだ！」と思うほどだった。別れ際にはお互いに「気を付けてね！」と言って去っていったが、気持ちのいい若者たちだった。

今日は天気もよく空気も比較的澄み渡っていたので、尾根の右側（北方面）は遼東半島が見通せたし、その西側には渤海もよく見えた。更に左側（南方面）には大連から開発区、黄海が見渡せた。本当に気持ちのいいすばらしいコースだ。正月にガイド風の男が言った「漂亮（美しい）」という言葉は本当だった。ただし「危険だから一人で行ったらいけない」という言葉は正しくない。日本人からガイド料を取ろうとした魂胆があったのかもしれない。確かに両手を使わなければ登れない場所も何箇所かあったが、よく整備された道なので危険ではないし、ハイカーもたくさん来ている。所要時間は観音閣から大黒山頂まで約２・５時間、バス停からを含めると3時間であり、前回登ったコースより1時間ほど余計にかかった。バイクタクシーを使わなかったら更に1時間は必要だろう。大黒山には他にもいくつかのコースがあるようなので、当分楽しめそうだ。

下山途中先週行った農家煮物料理館の食堂に立ち寄った。先週と同じく居間兼寝室でビールを飲みながらゆっくりさせてもらった。一人で行ったため料理は適当にあるものをアレンジしてもらったが、既に家族待遇に近い扱いで、途中から親戚という人が加わり言葉があまり通じないながらもときどき奥さんの通訳を含め和やかに1時間半ほど過ごさせてもらった。ここでも電子辞書が役に立った。

（4）頂上直下の階段道を行く

清明節から1週間後、会社の課長（30歳前でまだ若い）に大黒山に連れて行ってくれと頼まれたので一緒に行った。会社からは目と鼻の先にあるにもかかわらず意外と登っている人は少ないのには驚いた。この課長も4年ぐらい前、以前勤めていた日系企業の人と登ったことはあるといっていたが車で行ったのだろう。そのため以前からいろいろな人に大黒山の登山道について聞いていたのだが、反応がなかったはずだ。

来週も日本語を教えている女性メンバーと行くことが決まっている。彼女らも登ったことがないらしい。

いまや日本人の私がガイドとなってしまった（苦笑）。この日はバリバリの若手と一緒なので、普段から気になっている脇道など新しい道を行くことにした。

頂上直下の階段道の途中から岩壁をトラバース（横切って）し西側に回り頂上に行く道があったのでこの道を行ったが、岩壁に人一人がやっと歩けるだけの細い道が切ってあるだけで若干スリルがある。しかし結構若い人たちが怖いもの知らずに通っている。まあ、事故があったとは聞いていないので問題ないか。

頂上から岩稜を下り直下の大連大学に向かう道があるのだが、以前から下からの登り道がわからないため今回は思い切ってこの道を下ることにした。同行者に少し怖いかもしれないが行けるか？　と聞いたら、行ってみたいと答えたのでこの道を下ることにした。

しばらく稜線を下るのだがこのあたりは見晴らしもよく眼下の岩壁を見ながら楽しい。しばらく行くと断崖状の岩壁を下る。道はわりあいしっかりしている

大黒山岩稜を下る

が、下りのため非常に緊張する。ほとんどロッククライミング状態の部分もあるが足場もしっかりしているので心配はない（上の写真の奥の岩稜が今回下ったコース、左側の切れているところが岩壁となっている）。

岩場を過ぎて樹林帯に入ると落ち葉で道を失い、棘のある枝をかき分けながら下る。実際この道は単独では少し心配だが、同行者がいたので安心して下れた。やはり初心者には難しいコースだ。今度来るときはこのルートは下りでなく、登りにしようと思った。

（5）春の山火事と登山マナー

私が帰国中の4月末、大黒山でゴールデンウイークに入る直前2回山火事があり市政府から登山禁止の通達が出ているとの事。仕方なく大黒山に行くのを中止し砲台山公園での花見に変更したいきさつもあり、公園内で焚き火のあとがあったので非常に気になった。

翌5月7日は予定がなかったので登山禁止とはいえ行けるところまで行こうと思い、またいつも立ち寄る「範おばさんの農家煮物料理館」辺りはどうなのかお見舞いを兼ねて行ってみた。ところが現地に行ってみると登山禁止は既に解かれているらしく、多いとはいえないが若者グループが何組か来ていた。よく聞いてみると山火事が発生したのは尾根を隔てた反対側の斜面、以前バイクタクシーに乗って行った観音閣方面だったようだ。山火事の影響で毎年たくさんの観音信仰の人々が参拝する「観音閣廟会」は中止になったそうだ。しかし「範おばさんの農家煮物料理館」のある側の朝陽寺は火事の影響もなく5月の前半はたくさんの人でにぎわったらしい。それでも、山火事の名残か山に向かう道路の途中に「防火検査所」の看板があった。今日は検査をしていなかったが火事の後はここで車や登山者の持ち物検査をしたのだろう。

少し登ると道路際に養蜂家がテントを張り巣箱を何十個も置き蜂蜜を採っている光景に出会った。山もりんごや桃などの花が咲き蜜蜂にとって一番いい季節なのだろう。更に川では近くの人たちが洗濯に励んでいる懐かしい光景にも出遭った。この光景はまさしく春うららである。

大黒山登山は今回もまた階段の一般道を取らず新しい道を探し登ってみた。また下りも朝陽寺方面に直接下る道をとってみた。この道も地形的に見るとかなり急な下りが予想されたが一部岩場の下りがあっただけですぐに樹林帯に入った。この日は全く人に会わず、またごみもほとんどなく気持ちの良い山歩きを楽しむことができた。一般道を登る若者たちはリュックなど背負わずに、大抵スーパーの袋に飲み物と菓子類を入れて登っているので、空になったペットボトルや菓子袋をところかまわず捨てるため山頂付近は相当見苦しい光景となっているが、今日のコースは訪れる人が少ないためか全くといって良いほどごみがなかった。

ところが山里近くになったところ、〝ついさっきまで宴会をやっていた〟と思われるような光景に出合ったのにはびっくりしたと同時に「やっぱりこれが中国人のマナーなのか」と残念に思った。最近は使い捨て容器が手軽に買えるためどこに行ってもこのような光景に出合うが、これも「美しい中国キャンペーン」として啓発してほしいものだ。

下りきった所が果樹農園の中で道の両側にはりんごや桃や杏の花がいっぱい咲いており、先ほどのごみの光景でがっかりした気分も一気に直ってしまった。

(6) 日本人まるだし

日曜日恒例の大黒山に登った。今日は登山口探しをしようと大連大学から観音閣方面に歩いていって途中登山道らしい道をたどって登り始め、尾根道に着いたら頂上まで行かず途中下りのわき道を見付け、そこを下ってどこにたどり着くか試してみた。これで初めての道を2とおり発見したことになる。大黒山には上り口がたくさんある。これまでに7、8とおりの道を歩いたことになる。もはや大黒山通である。頂上まで行かないため12時前にはバス停まで戻ってしまった。

本日の格好は真っ白いスポーツシャツにメッシュのベストを着て帽子をかぶりリュックを背負っていった。日本でのお決まりの格好である（観光地に行くとこの格好の日本人中年男の団体がやたら多い）。

今や真っ白いスポーツシャツなど日本でもあまり着ている人を見なくなった。貧乏性だから日本から着古しを持ってきたので着ただけなのだが、中国でももちろん希少の部類に入る。早くバス停に戻ったのでこのままの格好で開発区の繁華街に戻り、買い物などしながら繁華街を歩いていた。すると若い女性から「日本人ですよね！」と話しかけられた。「その格好だと日本人だとすぐ分かります」と笑いながら言われた。なるほど！　日本人まるだしの格好で歩いていたのか！　べつに恥ずかしいことではないのだが、少し恥ずかしくなった。道理でバスに乗ったときから、あるいは登山道を歩いているときもなぜかじろじろ見られている視線を感じた。若い人たちからにこやかに見られているように感じたのでこちらも気軽に話しかけることができる。もっともだまされることもあるのでご注意!!

（7）オーストリアの友人と

大連で知り合ったオーストリア人のエンジニアと大黒山に登った。以前から一緒に登ろうと約束していたのだがお互いにスケジュールが合わずやっとこの日になった。P氏は大黒山が初めてとのことで一番のお勧めコースの大連大学から観音閣経由を選んだ。開発区から5番バスに乗り終点の大連大学まで行きそこから徒歩で観音閣に向かった。P氏は私と同じ昨年9月に大連に来たのだがバスに乗るのは初めてだと言っていた。日本人を始めとして外国人は通勤に会社の車に乗り普段の生活ではタクシーを使うため公共のバスを利用する人は少ない。5番バスはたまたま彼の会社の近くを通ったので、これからはバスで通勤したほうが便利だ！　などと喜んでいた。バスを降りてから、前回登ったときはバイクタクシーに乗っていったのだが今日は徒歩で行くことにした。40分くらいで観音閣に着いたのだが、途中いつもと違って大勢の人が戻ってくるのに出遭った。聞いてみると今日はたまたま「観音閣廟会」だそうで偶然とはいえラッキーだった。「観音閣廟会」は旧暦の3月16日（今年は新暦の5月3日にあたる）に開催されるのだが今年は山火事のため中止になりひと月遅れで開催になったそうだ。普段は素どおりしてしまうのだがせっかくの廟会なので大勢の参拝客に混じり線香を買い参拝することにした。ここでP氏に英語で仏教と仏像について少し説明させてもらった。

一般の人は観音閣だけで帰るのだが、千年を越える昔から熱心な信者は険しい大黒山を越えて反対側の朝陽寺のニャンニャン（娘娘）観音まで巡礼道を行くそうだが、今日我々が行くコースがその巡礼道にあたる。そのため登山者だけでなく観音信者もチラホラと山越えに挑戦しており結構にぎわっていた。大黒山の観音閣ルートはそのために開かれた道のようだ。初めて知った。まさしくこの道は千年以上の歴史のある道なのだ！

尾根道に入ると眺望もよくP氏は感激しており写真を撮りまくっていたが、聞くとふるさとの兄弟に見せてやるのだといっていた。オーストリアはアルプスの国だけに皆山登りが好きだそうだ。オーストリア・アルプスの話など聞きながらお互いに休暇のタイミングが合えば一緒に行こうと話し合った。以前にもオーストリアの写真集を見せてもらってその素晴らしさをとくとくと説明してもらったが今日もまたアルプスの話をたっぷりと聞かせてもらった。

　話は変わって尾根道の一番苦しい辺りで地元の人がアイスキャンデーや凍らせたミネラルウオーターを売っているのに出会った。スチロールのトロ箱にたくさん商品を入れ溶けないように布団をかぶせていた。

　値段を聞くとアイスキャンデーが1元、凍らせた500mLのミネラルウオーターが3元だという。平地の繁華街で売る値段と同じだ！　そこでオーストリア人のP氏とまた商売談義をした。〝3時間もかけて苦労して運んだアイスを何で下界と同じ値段で売っているんだ！　彼は商売を知らない。２倍や３倍で売っても売れるはずだ！　自分の国では山上では当然輸送経費や売れ残った場合溶けて売り物にならないのでその分のリスクも含めて販売価格を決めている！〟（同感、日本でも同じだ）などと議論をしたが、まてよ？　しばらく休憩しながら観察してみるとおり過ぎる中国人登山者はあまり見向きもせず誰も買っていかない。まして３倍もの値段で売ったら皆から「儲けすぎ」と非難され商売が続けられないのかもしれない。このアイスキャンデー屋の経験によるマーケットリサーチの結果なのだろう。Ｐ氏からもこの中国人に次から３倍にしても売れるとアドバイスしたが、この中国人は無言で笑っているだけだった。あまり商売の邪魔をすまい。Ｐ氏はアイスキャンデーとボトルを買い、私も凍らせた水を買った（私はアイスキャンデーを未だ中国では食べたことがない）。

　下山後いつも行く「範おばさんの農家煮物料理館」に立ち寄りいつものとおり農家料理を食べようとしたが、今日は観音閣廟会のためすべて売り切れもう何もないといわれた。仕方なく道路向かいの別の食堂に入った。この食堂では未だたくさん料理が残っており我々が座ると料理を次から次と運んできた。料理は結構美味しかったのだが勘定のときびっくりした。全部で２００元だ！　ヤラレタ！　高い！　文句を言うも相手にされずあまりもめてもみっともないので仕方なく払ったが、「外国人相手にこのような商売人もいるんだ！」とＰ氏と話しながら帰途に着いた。山上のアイスキャンデー売りのおじさんと好対照の出来事だった。

それに比べ「範おばさん」の店は私が行くと一人では食べきれないため小皿にいろいろ料理を乗せてサービスしてくれビールを１本飲んでもたったの10元しか取らず、改めてこの食堂の若奥さんとご主人の好意に大感謝だ。

本当の「春」が来た！

３月15日から熱供給局からの熱水の供給が停止することになっている。ただし

3月いっぱいは夜間および特別に寒い日は熱水の供給をするといっている。今日3月16日朝起きてみると未だ熱水は来ていたが、外はもうコートが要らないくらい暖かくなってきた。街路樹の木々も少しずつ新芽が膨らみ始めているのが分かる。今年は暖冬とはいえ長い冬から解放されて若葉が出てくるのが待ち遠しい。会社に来たときの最初の言葉は「暖かくなりましたね」だった。3月15日は一応春の節目なのかもしれない（暦の上での立春は2月4日だった）。

スーパーの装飾もついこの間まで赤を基調とした「春節」文字が氾濫していたのだが、今は店内のあちこちのディスプレイやキャンペーンの文字は緑色の「春」に変わっている。商魂たくましく冬物一掃大バーゲンセールの真っ最中だ。

ポカポカとした春の日曜日、繁華街の広場では早速「結婚アルバム屋」が店開きしていた。以前にも紹介したが結婚記念アルバムづくりが結婚式の定番になっている。

相場を聞いてみたら２０００～５０００元くらいだそうだ。ウエディングドレス、タキシードのレンタル料を含んでの金額だが、市内の有名な観光地などで何枚も撮影する。また自動車のパレードのＤＶＤ映像もある。

　また、車のレンタル料も聞いてみたら、リムジンが３０００元／半日、乗用車が３００～５００元（ベンツ）／半日程度らしい。豪華版は親類、友人たちが招待されベンツ10台ぐらいがリムジンに随行する。また先頭にはカメラマンを乗せた先導車が行きパレード風景を撮影している。ざっと計算すると結婚式に１万数千元以上かかるそうだ。そのため現在の中国では金がないと結婚できないそうだ（もちろんパレードのない結婚式もあるが……）。

　暖かくなったある日大黒山に再び登ったが、この日はたくさんのハイカーが来ていた。旧正月に登ったときは数人にしか出会わなかったが、今日は若い人たちでにぎわっており、やっぱり春が来た！　という感じだ。

黄砂

春が来たと思ったら、黄砂も来た。4月1日天気は良かったのだが町全体がもやに包まれたような状態になっていた。これは黄砂だという。毎年春のこの時期（例年3～4回らしいが）黄砂が大連も襲う。

黄砂が発生する条件とは中国大陸北西部（内モンゴルの場合もあるという）の黄土高原が強風で巻き上がり、上空にたまった黄土の砂塵が強風にあおられ東の方向に流され下降するものだという。日本まで及ぶこともあるという。事実、日本のニュースを見ると4月1日、2日にわたって日本の各地に黄砂が舞ったらしい。

というわけで開発区から見る大黒山も黄砂にさえぎられボーッとしてほとんど見えなかった。

黄砂は何千年も前から大陸では発生しているが、政府はこの被害を少しでも減らそうと全土で植林を進めている。ちょうどこのときも北京郊外の万里の長城付近で政府高官など有名人がたくさん集結して植林のイベントを行っていたが、折からの強風により途中で中止せざるを得なかったそうだ。高官たちは身をもって自然の恐ろしさを体感し環境保護の政策も益々推進されるだろう。

タイミングよく国家林業局の発表によると、中国全土の18％に当たる174万平方キロメートル（日本の面積の約4倍）が砂漠化されているという。

にわかには信じられないが、中国でのエネルギー消費量が年々増大しており地球温暖化の要因になっているのも事実なので、更なる砂漠の緑化に努めてもらいたいものだ。

【砲台山公園】

（1）梅が咲いた

3月中ごろから「春が来た！　春が来た！」と少しハシャギ気味だったが、実際大連はまだ冬だった。

今日４月17日やっと梅の花が咲き出した。アパートから15分ぐらいのところに砲台山公園があり公園内にはいろいろな樹木が植えられている。少ないながらも梅の木もある。１週間くらい前からつぼみが膨らみ始めていたので夕方公園に行って咲いているのを確認した。この時期他には「迎春花」という黄色い花（ロウバイ）も咲いている。日本では「松・竹・梅」がおめでたい木の代表といわれているが、この思想は奈良時代ごろ中国から伝えられ日本に定着したといわれている。梅は厳しい冬を耐え、どの木よりも一番早く咲くことから「忍耐・勇気」を表している。中国から伝えられたといっても現在の中国では山水画などの画題として使われているだけで、日本のように慶事に使われることはあまりない。まして食堂で料理の値段を決める意味で「松竹梅」が使われることはしない。しかし日本では「梅」が一番安い料理というのは理解できない。

砲台山公園には数年前から桜がたくさん（５００本くらい？）植えられ、「中日青年友好桜花林」と呼ばれる一角がある。中には明らかに最近植えられたばかりだと思われる桜もたくさんあった。このため暖かい地域から移植されたのか咲き始めの桜もあった。しかし前から植えられている桜はまだつぼみも硬く咲き始めは5月初め頃か？　この時期は日本に一時帰国しているので満開の桜を見られないかもしれない。造園のおじさんに「この公園には何本ぐらい桜の木があるのか？」と聞いたところ「わしは韓国語は分からねー」と答えが返ってきた。私の中国語が全く通じない。ショック！　私の中国語は発音・アクセントが悪いため私の言葉を理解するには相当高等技術がいるようだ。普段話している人たちは私の変な中国語に慣れてきたので何とか理解してもらっているのだが（それでもときどき通じなくて漢字を書いて説明せざるを得ないこともある）、一般の人たちには無理のようだ。それでもめげず「私は日本人だ」といって質問を続けたが結局桜が何本あるのか分からなかった。「ま！　作業員に聞いても無理なのか」と自分を慰めあきらめた。

桜といえば最近桜の苗木が大量に生産されているらしく、あちこちの公園等にも植え始められている。

私の会社の構内にも桜が十数本植えられている。童牛嶺にも植えられている。大連大学にも「桜園」がある。いずれもまだ若木のため、砲台山公園の桜も鑑賞には見劣りするが、10年後ぐらいには桜の名所になるに違いない。他にも桜の名所があちこちに出現するだろう。そのうち日本式に花見の宴会が始まるかもしれない。

(2) 桜の花見

5月5日一時帰国から大連に戻り、翌6日早速会社の事務員さんと砲台山公園に桜の花見に出かけた。帰国前の予想では桜の開花は4月末ごろだったが案の定桜は既に散っており葉桜になっていた。しかし八重桜もたくさん植えられており、この日はちょうど満開だった。

ゴールデンウイークの最中でありたくさんの家族づれが公園内を散歩していた。私たちも満開の八重桜の下にシートを敷き持ち寄った菓子や飲み物を取りながら日本式の花見としゃれ込んだ。一般の中国人はまだこのような習慣に慣れ親しんでいないようだが、チラホラと周りに集まり同じように花見を楽しみだした。

しかし桜花林内をよく観察してみるとあちこちに焚き火をした跡が見られたのには少なからず驚いた。桜の花が満開のとき恐らく火を焚いて飲食した跡なのだろう。

ときには遠出も

【瀋陽】

（1）雪祭りと故宮に行く

正月3日、4日（初三、初四）瀋陽に旅行した。旧暦の大晦日までは帰省の人で大連駅は大変な混雑だったようだが正月に入ると嘘のように人が減って駅はガラガラだった。瀋陽に行くには鉄道で行く方法とバスで行く方法がある。鉄道の場合は「特快」で３・５時間かかる。

バスの場合は高速バスを利用すれば４・５時間でいく。どちらがよいか比較してみると鉄道の場合本数が少なく旅行のスケジュールに合わせにくい。バスのほうが時間は少し長くかかるが、本数もたくさん出ており快適だという助言がありバスで行くことにした。

長距離バスは以前も利用したことがあるが、以前は普通のバスで座席も狭く窮屈だったが、最近のバスは日本の長距離バスのように座席が横１列＋２列の３列でゆったりして、リクライニングの座席になっておりゆっくり寝ていける。また車掌も乗務しており眠っていても安心だ。荷物は上の収納棚に入れ発車と同時に鍵を掛け途中サービスエリアで下車しても安心だ。当然車内にはトイレも備えている。更に車酔い防止のため車掌が発車するとすぐ薬を必要な人には配るなどサービスが行き届いている。長距離バス会社もいくつかあり、更に鉄道と競合しており完全に自由主義経済の世界になっている。運賃は大連―瀋陽間（約３８５キロ）で片道１０７元（約１６００円）だ。

瀋陽のホテルは春節期間中ほとんどのビジネス客や旅行者は脱出しておりどこもガラガラの状態だった。このため予定していたホテルも予約はしていなかったため、着いてからタクシーの運転手の情報で安いホテルを紹介してもらい、瀋陽故宮の東門（撫近門）の中の老舗の「瀋陽亜泰大酒店」に急遽変更した（ただし三ツ星級の名門ホテルだが古いため泊まるだけの目的なら良い程度のホテル）。宿泊客がほとんどなかった。しかし故宮見学には最高の場所だ。門内だけあって古い格式のある建物が並んでおり、飲食店も有名な老舗の店が周りにあり旅行者にとって穴場かもしれない。日本の旅行社が企画するパックツアーは高級ホテルに泊まるのが売り物だがこのような古いホテルを利用するのも良いものだ。

（2）氷雪祭

瀋陽に行こうと思ったのは今年から観光の目玉として「世界氷雪祭り」を開催したのでそれを見に行くためだった。札幌の雪祭りは未だ見たことがないので中国最大級の中国の雪祭りをぜひ見たかった。

瀋陽市は遼寧省の省都であり東北3省の中で最大の都市だが、冬季はこれといった観光資源がないため雪祭りを冬季の観光の目玉とする想いから今年から札幌市を始め世界各国からの参加を仰ぎ「中国最大規模の雪祭り」とする意気込みだった。これまではハルピンや牡丹江市の雪（氷）祭りが有名だったが、東北最大の都市の面子もありこれをしのぐと宣伝していた。

しかし瀋陽市の意気込みと裏腹に暖冬のため開催前から雪がなく雪像を作るため遠くの山からトラックで何百台も雪を運び相当苦労して製作したようだ。1月はそれでも毎日零下15度以下の日が続き何とか雪祭りらしくニュースでも大々的に取り上げられていたが、その後暖かい日が続き私たちが行った春節期間にはほとんどの像が既に溶けており氷像などは完全に崩壊していた。一番大きな故宮雪像は当初長さ１０５メートル、幅30メートル、高さ35メートルと資料にあったがほとんどが壊れており中心部のみがかろうじて残っている程度だった。札幌市の作品がどれだか分からないほど無残な姿になっていた。本当に残念、これは天を恨むしかない。

（3）春灯会

　雪祭りとは別に2月15日から3月5日まで瀋陽国際園芸博覧会会場で「春灯会」が開催されていたので見学した。もともと中国では小正月といって旧暦の正月15日（初十五）に灯籠やちょうちんで飾り仏を祀る行事があり瀋陽では「灯籠節」にあわせて開催したのだ。雪祭りに負けないくらいにぎやかな催しになっており、皮肉にも夜になっても冷え込まないためたくさんの市民が見物に来ていた。私の瀋陽旅行には予定になかったものだが雪祭りが期待はずれだった分、「春灯会」には楽しませてもらった。広い会場の中、大小あわせて何百もの灯籠やちょうちんに灯がともされ見事なものだった。

(4) 故宮博物院

北京の故宮は有名だが瀋陽にも故宮がある。17世紀北方民族の女真族が「後金」を建国し、清朝の建国の祖であるヌルハチおよび二祖のホンタイジが造営して使用したのが始まりだと書いてあった。3代皇帝のとき北京に遷都し清王朝を立てるまで2代にわたって瀋陽が政治の中心になっていた名残だ。北京故宮ほど規模が大きくはないが世界遺産に登録されている。ただし当初北京故宮のみが世界遺産に登録されたのだが、その後2004年「北京と瀋陽の明・清王朝皇宮」として両故宮がセットとして世界遺産に追加登録されたそうだ。どうりで古いガイドブックには瀋陽故宮が世界遺産になっているとは書いていなかったはずだ。

観光ガイドみたいになってしまったが、2日間の旅では瀋陽はとても見きれない。他にも別の世界遺産に登録されている福陵、昭陵（皇帝陵）があるのだがまた機会があったら瀋陽に来てみよう。

復州城鎮

春になりそろそろ冬眠から覚めてあちこち活動したくなってきた（やはり清明節の頃はこういう気分になるのだと身をもって感じた次第である）。暦の上では「啓蟄」は1ヶ月前の3月6日頃だが、その頃は大連はまだ寒く人々は郊外に出て自然に親しむどころではなかった。4月に入り日本的な春らしい陽気になってきたので、4月7日、8日の2日間大連市にある古寺名跡を訪ねて郊外に出てみた。

大連市は遼東半島南部を占める大きな地域（日本の新潟県に相当する面積）で6つの区（都市部）と3市1県からなっている。つまり大連市の中に更に市や県があるようなものだ。地図を見ながら大連市の古い遺跡みたいなところを探して訪ねてみた。

まずタクシーに乗り隣の金州区のバスセンターまで行き、復州城鎮行きのバスに乗った（鎮とは市や県の下に位置する行政単位で〝村〟とか〝町〟のことを言う）。出発間際に着いたのでバスは既にいっぱいで、もし乗るのであれば補助席になると言われた。次は何時になるのか分からないため補助席で行くことにした。乗るとすぐ「日本人だよ！」などと小声で囁いているのが聞こえたがそ知らぬふりで座っていると、発車後数分も経たぬうちに隣の女性から日本語で話しかけられた。それをきっかけに周りの他の女性たちからも声をかけられ、中には日本語の教科書をかばんから取り出し日本語を教えてください、と言われ車内は即席日本語教室みたいになってしまった。最初に話しかけた女性は長野県に3年ほど働きに行った経験があるので日本での生活について友人たちによく話しているらしく、他の女性たちに何で日本語を勉強しているのか聞くと皆一様に日本に行きたいので勉強しているんだそうだ。このバスの乗客はほとんど開発区あたりで働いているらしく土日を利用してふるさとに帰るのだそうだ。皆農村の人たちらしく素朴な人たちで、きっかけが掴めるとほとんど無遠慮にいろいろと質問攻めになってしまった。おかげで1時間10分ほどの補助席でのバスの旅も短く感じられる程だった。

「復州城」というのは明代の古城なのだが城壁などはほとんど残されてなく遺跡のみが残っている程度だった。早速村内を歩いて最初に行ったのは、「横山書院」という明代の学校だ。遼寧南部の文化史上重要な役割を担っていたのだそうだ。中を見学しているとどこからともなく古老が出てきて「どこから来たのか？」と話しかけてきた。日本人だと答えると満州国（中国では偽満州国と説明書きに書いてある）のときここは学校として使われ、この老人は7年間勉強したといい少し日本語を話していた。聞くと78歳だそうだ。カメラを向けると直立不動の姿勢をとった。

次に行ったのはやはり明代に創建された永豊寺という寺だ。現在十三石塔が再建され完成すれば城郭に囲まれた大きな伽藍となるらしい。伽藍内を見学していると老僧が出てきて日本人だと分かると「メシ、メシ」といわれ最初何のことか分からなかったが、よく聞くと「昼飯を食っていけ」と言っているらしかった。日本語は「メシ、メシ」だけしか発しなかったが、既に昼食を済ませた後だったので丁重に断って見学を続けた。帰りに庫裏（くり）に入れてもらい資料室みたいなところにも入れてもらったが、資料室にはこの老僧の写真などが飾ってあったがどうやらこの老僧は中国でもかなり位の高い僧侶らしかった。

瓦房店市と安波温泉郷

復州城鎮からバスで瓦房店市の中心に移動した。ここはさすが市の中心だけあって比較的大きな街だ。

大連―瀋陽間の鉄道の駅もあり特快列車も停車する中規模の都市といっても良

い。ここからも周辺の村や大連、瀋陽方面のバスがたくさん出ている。

今や中国はバス網が充実しており、このような地方都市を経由すればどんな小さな田舎にも行けるようになった。

当初ここで泊まる予定だったが、翌日行く予定の呉姑城の近くに温泉街がありタクシーで30分ほどで行けるというので急遽温泉に行くことにした。夕方まで時間があるので近くの公園に行ったが、春らしく結婚カップルがたくさん来ておりアルバム撮影をしていた。

瓦房店市と熊本県玉名市が姉妹都市縁組をしたときの記念碑が公園に建っていた。玉名市とどういう縁で姉妹都市になったのだろうか？（後日調べてみると、きっかけは平成3年玉名市の市長が大連アカシア祭りに参加した際、瓦房店市長を紹介され交流が始まり、その後も医療、文化交流を続けているとのこと）

また瓦房店市にはなぜか軸受け（ベアリング）工場が何十社と集中している。市内を走る道路の両側に軸受け工場が並んでいる。これら工場群の中に「軸承

（軸受け）子弟中学」という中学校まである。田舎に行く道の畑の真ん中に工場があったと思うと、それがすべて軸受け工場だ。中国全国の軸受けの需要をこの市でまかなっているらしい。たまげた。

　開発区にある温泉の説明で古くは楊貴妃も美容のため温泉を好んだとしているが、まさか天然の温泉郷にいけるとは思っていなかった。中国でも温泉療養は庶民の楽しみの一つのようだ。安波の温泉街は道路の両側に温泉ホテルが並び、大きなホテルはどこも温泉プール、サウナ、大浴場などを備えている。安い小さなホテルは内湯（シャワー室はある）がなく、他の大きなホテルにもらい湯に行くようだ。どこの大きなホテルも宿泊客以外は入湯料10元と表示している。宿泊客は家族や団体客が多いらしく、5～6人部屋など多人数向けの部屋もある。今回予約なしの飛び込みで泊まったため4階の部屋に通されたが温泉の水圧が低く4階まで温泉が届かずお湯が出なかった。そのため水着（20元）を買って1階の温泉プールと大浴場を利用した。もちろんせっかくの温泉なので部屋に温泉があっても大浴場を利用したのだが。

プールではオバチャンたちがいっぱい来ており、室内が薄暗いので子供のようにワイワイはしゃいでいた。若いピチピチギャルがいなかったのは少し残念。ちなみに女性用は60元で色とりどりの水着がロビーに展示してあった。ホテルの名前は「〇〇温泉療養院」とか「△△温泉洗浴中心」などの湯治用の名前が多いように見受けられた。泉質は硫黄の臭いがしていた。

呉姑城

この遺跡も明代の古城だが城郭はほとんど残っていない。石垣跡が残っているのみだ。城内の中心部に清泉寺という尼寺があるが、近隣の中では最大の寺だそうだ。手前の〝念仏堂〟の本尊は千手千眼観音だが、やはり仏像類はほとんど近代になって製作されたものらしくピカピカだ。現在伽藍が再建中で外観はほとんどでき上がっている。非常に大きな伽藍だ。このような大きな寺を再建するのを見て現在の中国の国力を感じざるを得ない。

ちょうど車を買った人が安全祈願をしている場面に出合った。4人の尼僧がお経をあげて安全祈願している。一般的に中国の運転は非常に乱暴であり交通事故も毎年増加しているという。このように運転者と家族の安全を願ってお祓いをしているのだろうが、おそらくお祓いを受けた後この車の運転者も乱暴運転をするのだろう。勝手に決め付けてはいけないが、中国人の運転は自分中心の運転なのでとにかく危ない。尼寺だけあって各拝殿には尼僧がおり参拝者のお相手をしてくれる。また、寺内には客殿も建設中であり宿泊客も受け入れるようだ。近くの安波温泉とセットにすれば観光コースとしては良いかもしれない。

周囲は山に囲まれており背後の「点将台跡」に登ってみると周囲の村々が一望できる。ここから攻めてくる敵を監視したのだろうか？　遥か向こうには大黒山があるはずだ。

帰りは村の貨物兼用タクシーに乗り近くの連山鎮まで戻り、そこからバスに乗って瓦房店市まで行く。

龍潭山

ここにも遺跡らしき場所があるらしいので行ってみることにした。バスがあるはずなのだが地元の人に聞いてみたがよく分からないので仕方なくタクシーを使った。途中から高校生らしい女性が乗ってきたが聞いてみると運転手の娘さんとのことで、家まで送っていくのだそうだ。今中国では携帯電話が非常な勢いで普及しており、こんな田舎町でも大概の人は携帯を持っている。特に地方では電話線を引かなくても良いので電話に縁がなかった地方ではこれほど便利なものはないのだろう。この娘さんも携帯でお父さんに電話し待ち合わせて家に送ってもらうようだ。

龍潭山に行く途中、得利寺鎮の集落に差し掛かるときタクシーの運転手がこのあたりは昔日本人が入植しりんごやさくらんぼの苗を持ち込み果物の栽培を普及させ、中国人に栽培指導をしたと説明してくれた。また、奥のほうにある建物を指し「あれもこれも日本人の家だった」と説明してくれた。このあたりでは今はりんごやさくらんぼなどの果物が主な産業になっている。したがって日本人に対する感情が非常に良いと言っていた。戦前この地に入植して想像を絶する苦労をしながら果樹栽培を普及した先人に敬意を表したいと思う。

　龍潭山は標高５００メートル程度の山なのだが頂上まで行かず中腹の「龍華宮」まで行った。この寺でいつもどおり参拝したのだが、参拝するとき日本式に手を合わせて参拝していると、道士が不思議がってジロジロ見ていた。とうとう私に向かって「お前さんどこから来たのだ？」と聞いてきたので「日本から来たのだ」と答えると急に親切になりズーッと付いて来て説明してくれた。最後に一緒に記念写真も撮らせてもらった。ここも道教のお寺だ。山奥のため帰りの交通手段がない。来たときの運転手が携帯に電話してくれたら迎えに来るというので一旦返したが、拝観後電話したら「今遠方に向けて営業中で迎えにいけない」

と、いとも簡単に断られてしまった。仕方なく下の集落まで歩いて下ることにした。30～40分ほど下ると農家があり農婦がジャガイモの植え付けをしていたので声をかけてみた。「このあたりの果樹は何ですか？」「これはりんごだ」。そこで私も知ったかぶりして「国光りんごもありますか？」と聞くと、「これは国光だ」。私「国光りんごは大好きだ」。農婦「家にまだあるから食べるか？」というようなわけで、農家に入れてもらいりんごをご馳走になった。私「美味い、美味い」と言うと農婦「それでは持っていけ」。私「では買いましょう」となり、成り行きでりんごを買うことになった。家の前の畑の地下に「ムロ」があり厳冬期この地下室に野菜やりんごなどを保管している。「ムロ」からりんごをバケツいっぱい入れてきて傷の少ないのを選別して袋に入れてくれたが、こちらが「もういい」といってもかまわずどんどん袋に入れてくれた。りんごは自家用に保管してあったもので市場に出荷できない傷物や形の悪いものばかりだが、この農家のおばさんの心配りがうれしかった。「いくらか？」と聞いたら「7クアイ（元）」だ

農村の風景（ほとんどの畑がビニールハウスに代わっている）

と言う。日本円で１０５円くらいで安すぎる。家に帰って数えてみたら29個もあった。別れ際、６月にはさくらんぼがたくさん取れるのでまたきて！ と言われた。

重いりんごを抱えて山道を少し下ると本道に出た。運よくすぐバスが来て手を上げたら止まってくれた。

一時はどうなるのかと心配していたが、田舎のバスは停留所でなくともどこでも止まってくれるのがいい。

……というわけで、少しばかり心配なところもあったが瓦房店市経由で無事開発区に戻ってこられた。

都会での中国人とのふれあいと違い、田舎は本当に素朴ないい人たちばかりだ。こちらが日本人と分かると一生懸命日本語を話そうとする気持ちがなおさらうれしくなる。

最後に印象に残った最近の農村の風景写真を添付する。バスやタクシーで移動するとき道の両側の平坦部では延々とビニールハウスが続き、トマト、イチゴなどが栽培されていたが、大連や瀋陽など大消費地が近いため温室栽培が盛んだ。

遼東半島の農村は環境もよく豊かな農村と見受けられた。

【錦州】

（1）列車で錦州へ

学生時代の友人のK君のご両親が戦前錦州で大きなホテルを経営しており、終戦後ホテルはそのままにして引き揚げたと話したことがあった。その後私が大連に滞在しているので、機会があったら錦州に行ってそのホテルがどうなっているのか調べてくれないか？　と頼まれていたので5月11日から13日錦州に行ってみた。今回も地理不案内であり中国人の友人を伴っての旅となった。

・車内にて

11日午後、開発区の隣の金州区にある金州駅から快速列車に乗った。約5時間の列車の旅になるのだが指定席はなかったので硬座（普通席）に乗った。車内はほぼ満席でチラホラと空席がある程度だったので空いてる席に座りしばらくは周りをキョロキョロ観察していると、隣に座っていた年配の人が中国語で話しかけてきた。

私のほうは中国語はまだ初心者なのだが、何とか会話を進めているとこの人は昔日本語を勉強したことがあったと言って少し日本語が分かるらしくときどき日本語を交えての会話となった。

錦州へ行く車中出会った学生たち

そのうち通路を隔てた反対側の席の若者2人が「ワタシタチハ大連外国語大学デ日本語ヲベンキョウシテイル大学生デス。ハナシヲシテモイイデスカ」と話の仲間に加わった（上の写真）。

彼らは私が列車に乗り込んできたときから日本人だと分かっていたと言っていたが「なぜ日本人だと分かったか」と聞いたら「リュックを背負ってきたのですぐ日本人だと分かった」「日本人は旅行するときいつもリュックを背負っている」と言っていた。大連外国語大学の日本人の教師もいつもリュックを背負っているのですぐ分かるそうだ。彼らの日本語教師の一人は日本の高校を定年退職して大連に来た男性で、もう一人は大学院を休学してこちらに教師としてきた怖い女性だと言っていた。この大学はもともと大連市内にあったのだが都市開発の影響で旅順に移転してきたばかりだが都会と違って周りに何もないので退屈だとも言っていた。

錦州に着くまで最初に話しかけた隣席の56歳の人や学生たちとズーッと話をしていたので五時間の長旅も短く感じるほどあっという間に着いてしまった。列車の旅は中国人との触れ合いが楽しいと何かの本で読んだことがあったが、中国人は本当に話好きだ。

・錦州市内

夕方7時過ぎ錦州に到着した。早速錦州では一番大きな駅前のホテルに行き、今回の目的である昔のホテル探しを行った。このホテルの受付の女性に事情を話し戦前のホテルのことを聞いたがさっぱり分からなかった。ほかの年配の人に聞いたら中央大街にある古い建物がホテル跡だと教えてくれた。夜になったので調査は翌日にして列車内で学生たちに教えてもらった有名な店に食事に行った。羊の焼肉だ。

翌朝教えてもらった昔のホテルを見に行った。錦州駅からまっすぐ南に走っている「中央大街」に沿って古い建物が数軒残っている。それ以外はすべて取り壊され新しいビルに代わっている。

5分ぐらい歩いて行くと中央大街の西側に旧中央銀行錦州省分行（現中国銀行）があるが、この建物には遺跡表示があり「国民党の臨時作戦指揮部があった処……」と説明書きがあった。遺跡表示板の表面はペンキで消された跡もあり、錦州市民の感情の一部の表れかと思え緊張した。更に数分南に下ると古い建物がありこれが昔のホテル跡らしい。あまりにも小さな建物のため、再び周辺を歩いていた人に聞いてみると、これが間違いなく戦前ホテルとして使われていた建物だという。建物の大半が壊されて一部が残り、現在店舗として使われている。果たしてこの建物がK君の両親が経営していたホテル跡なのか疑わしいが、その後タクシーの運転手に聞いても戦前のホテルはこれしかないと言っているので正しいのかもしれない。大連にある旧大和ホテルは現在も大連賓館として威風堂々として建っているのと比べ、少し寂しい感じがした。（その後本書の初版本を読んだ新潟に住んでいる錦州引揚者の方から連絡があり、「旧錦州大和ホテル」は錦州駅の西側の大きなショッピングセンターのある場所に建っていたと教えてくれた。Ｋ君にその旨連絡し、Ｋ君親族にも確認していただいた。ホテル名は「錦州大和ホテル」といい「大連大和ホテル」と同等の格式のあるホテルということも分かった。戦前日本軍の幹部や政府の要人も度々泊まるほどの重要ホテルだとも分かった）

（2）仏教の聖地北普陀山

旧ホテルの調査も終わり恒例のお寺めぐりをした。地図上にはいくつかお寺があるが、錦州市内から車で30分くらいのところにある「北普陀山」という市内では最大の寺院に行ってみた。寺の説明書きによると唐・武徳元年（６１８年）隋の煬帝の弟が高句麗東征の帰りにこの地に観音菩薩を祀ったのが始まりだといわれている。以来千数百年香火が絶えなかったと書いてあった。また中国仏教の聖地とも書かれている。もともと普陀山とは観音菩薩がすんでいる山という意味で浙江省の普陀山が有名だ。また、普陀山、峨眉山、五台山、九華山が中国仏教四大聖地といわれており北普陀山は四大聖地に含まれていない。ま、いいか。あまり深く追求しまい。建物や仏像はどれも新しく造られたものが多くお寺を中心とした観光地化を目指している風にも思われた。山道はハイキングコースのように整備されており若者たちでにぎわっていた。昼頃になるとあちこちで若者たちが車座になり持ち寄ったお菓子などを食べながら楽しんでいた。

伽藍は以前行った寺と同じく断崖にある洞窟に祀られた観音が始まりなのだが長い歴史の中で周りに次々と堂宇が建てられ様々な仏像が祀られている。一番の目玉は水瓶を持った観音像で高さが25メートルあり、遼西地区では最大の仏像と称している。更に手にした水瓶から水がポトポトと流れることから別名「滴水観音」と呼ばれ一番人気だそうだ。

またお寺を取り囲んでいる山にはリフトもあり山頂まで楽々行けるようになっているが、若者たちはリフトに乗らず皆歩いて登っているのでリフトには誰も乗っていない。私たちがチケットを買ったら運転を開始し、降りたら運転を止めてしまった。山頂からは錦州の町が一望できる。国家ＡＡＡＡ級名勝地と宣伝しているとおり今まで行った寺とは違う新しい観光地という印象だった。

下山後、前日学生から教えてもらったもう一つの錦州の美味しい店に行ってみた。地元の人が行く人気店だけあって、安くて非常に美味しかった。特に〝ジャガイモとエンドウ（日本ではインゲンといっている）とばら肉の煮物〟は人気メニューらしく来店した人は必ず注文するくらい絶品だった。大黒山の「範おばさんの農家煮物料理館」と同じ料理だが錦州の名物料理らしい。この料理が店の名前になっている。

（3）参拝者の絶えぬ青岩寺

次に行ったのは郊外の北寧市（錦州市も大連市と同じように6区2市4県から成っている）にある青岩寺に行った。タクシーで1時間半ほどの距離だ。この寺は霊験あらたかな名刹で全国各地からご利益を求めて参拝に来るという。このため門前には農家飯店（民宿みたいなもの）がたくさんあり、遠方からの参拝者は前日に来て民宿に泊まるそうだ。

私たちも民宿に泊まった。部屋はただ泊まるだけの宿でベッドがあるだけだ。もちろん食事もシャワーもない（もっとも多少上等な民宿もあるようだが）。

夕食は錦州市内で済ませてきたので部屋でビールを飲みすぐ寝た。翌日は5時に起き、お粥と饅頭（中に具の入っていない蒸しパン）だけの食事を取り5時半には出発した。大連や瀋陽から来た団体客も同じような時間帯で出発しており早朝にもかかわらず門前は大勢の参拝客であふれていた。各民宿には線香のセット

青岩寺にて参拝風景

が準備されており１メートルくらいの大きな線香から小さい線香までセットになっており最初の大雄宝殿では大きくて太い線香、次はどれ、というように順番まで決まっている。セットもいろいろ大きさがあり一番大きいセットは１００元、次は80元、となっている。参拝する人は皆これを担いで登っている（写真は参拝前にガイドから線香を供える順番の説明を受けている風景）。壮観だ。私も信仰心はわずかだが皆と同じに線香を担いで登っていった。

　青岩寺は遠くから見ると断崖絶壁にへばり付くように建っており標高４００〜

５００メートルくらいの洞窟に「歪脖老母」という仏像があり、これは観音菩薩の三十二化身のひとつで全世界に青岩寺しかなく大変ご利益があり約１５００年前から参詣が途絶えることがなかったといわれている。

能書きはこれくらいにして正門から「歪脖老母」まで20以上の堂宇がありそれぞれに如来や菩薩、十大弟子や羅漢などが祀られており、信心豊かな中国人たちがそれぞれ線香を供え仏像の前にひれ伏しお参りする姿を見て感動した。私はただ棒立ちでお参りするだけでなかなか彼らのようにはいかなかったが、敬虔な気持ちにはなった。

あまりにもたくさんの人たちが線香を供えるので香台はぼうぼうと燃え、まるで「どんど」のようになっていた。

登り始めてから約4時間で頂点の「歪脖老母」に到達したが、この本尊は小さな祠にお祀りされ狭くてとてもゆっくりお参りするどころでなく日本の人気博物館のようにチラッと見ただけでとおり過ぎてしまった。霊験あらたかな仏なのでゆっくり参拝できればいいのだがそれもできず、願をかける人はお布施して（1000元くらい、1000元の人もいる）、そして記帳してお参りするようになっている。ここだけ「地獄の沙汰も金次第」風なちゃっかりした「仏」になっていた。私の場合は布施も記帳もせず肝心なところで「願」かける暇もなくとおり過ぎてしまった。

青岩寺パンフレットからお会式のときの賑わい

この日だけでも何万人もの人が参拝に来たようであり、私がこれまで行った寺の中では信仰の深さでは最高の寺だと感じた。参道を五体投地しながら階段を上っている信者もいた。普通のときでもこれくらいなので縁日のときは寺のパンフレットにも載っていたが下から上まで押すな押すなの大盛況になるという。

面白かったのは賽銭箱がダイヤル式の金庫になっており何十箇所に置かれており熱心な信者は20元札（２００6年当時の換算レートで３００円）を束にして持ってきており賽銭箱ごとに布施していくのには驚いた（驚いたでは失礼に当たるが言葉が見つからない）。

大連に帰る列車は午前中しかないのでバスを探すことにした。大連から観光バスの団体が何台も来ており添乗員に話を付けてのせてもらうことにした。これも中国らしいところで空席があった場合は適当に客を拾うらしく運転手と添乗員の余禄になるのだという。後日新聞を見てみるといくつかの旅行社が青岩寺ツアーを催行しており大連からたくさんの善男善女が参拝しているのが分かった。

ちなみに当日の青岩寺参拝の歩行数は１２０００歩だった。小登山くらいの運動になった。

【北京】

（1）北京でお寺めぐり

6月18日から20日まで北京に出張した。用事は1日で終わったため残りの1日半北京市内を観光した。北京にはこれまで何度も来ているので有名な観光地はほとんど行っているため、今回は行ったことのないお寺めぐりをした。

・戒台寺

ガイドブックによるとお寺は市内から離れた辺鄙なところにあるためタクシーを5時間の約束でチャーターした。値段の交渉をして行く先を説明しやすいように運転席の隣に座ったところ、この運転手はにんにくを食べた後らしくものすごく臭って息が詰まるくらいだった。失敗した。そういえば北京市ではオリンピックを迎えタクシーの運転手に外国人の観光客に不快な思いをさせないため「タクシー運転手に対する指針」を発表した。この中に「運転手はにんにくを食べてはいけない」項目があったはずだが守られていないようだ。最初の目的地までは辛抱し、その後は後ろの席に座った。

ともかく先ずホテルから30～40キロほど離れた戒台寺に向かった。１時間くらいにおいを我慢しながら乗っていた。

戒台寺は寺のパンフレットによると唐の時代（６２２年――ちょうど日本では聖徳太子が亡くなった年だ。法隆寺ガイドをしているのでこの年は特別に覚えている）に創建された仏教寺院だがここに戒壇を設けて僧侶の授戒をしたため戒壇寺とも呼ばれている。全国の三大戒壇の一つだそうだ。その後何度も建て直され現在残っている建造物はほとんどが清代のものだ。ここで有名なのが「戒台五松」と呼ばれる樹齢５００年から１０００年の松があり、これは一見に値する。全部写真で紹介したいくらいだ。

・潭柘寺

この寺は晋代（３０７年）に建てられ唐代には則天武后により竜泉寺と呼ばれた。寺の規模は大きく東、西、中の３つのエリアに分かれており東部には清代皇帝の行宮が建てられている。北京ではもっとも古い寺院であり皇家第一寺院とも言われている。参拝者も多く無料ガイドが何人も常駐しており中国語でガイドしてくれる。中国人グループに付いてしばらく聞いていたがよく聞き取れなかったので途中で別れ一人で観光した。

ここも戒壇がある。現在残っている建物はいつの時代に再建されたのかは分からないが広い敷地に伽藍が完全な形で残されておりどの建物も貴重な建築物のようだ。

・白塔寺

１２７１年作られたネパール式舎利塔で中国のチベット仏教の仏塔の中でもっ

とも古い物とされている。

また中国とネパールの友好の象徴とされておりネパールの首相が参観したときの写真が展示してあった。

雍和宮の額写真

・雍和宮（ヨンハーゴン）

故宮の北に位置する。もともとは清朝皇帝の邸宅として建てられたものが4代皇帝の乾隆帝がモンゴルやチベットとの関係を深めるためここを正式にチベット仏教寺院としてチベット仏教の聖地になったそうだ（額には漢字だけでなくチベット文字やモンゴル文字が書かれている――よく分からないが多分そうであろう）。このため熱心な信者が数多く参拝している。もともと王宮として建てられたため建物は絢爛豪華であり故宮に近いこともあり、たくさんの外国人観光客でにぎわっていた。前述の３箇所の寺は外国人がほとんど見られなかったのと比べ対照的だ。一番の目玉は万福閣に納められている弥勒仏だが、この弥勒仏は長さ26メートル、直径10メートルもある１本の白檀の大木で彫り上げられた一木造りでギネスに登録されていると説明されている。

外国人もこの説明板に興味を持って見入っていたのが印象的だ。第11次５ヶ年計画で中国政府はチベット開発に１０００億元を投じる計画を発表した。２００５年開通した「青蔵鉄道」はその一例だ。数日前もチベット自治区の最高責任者がチベットとの関係は非常にうまくいっていると表明していた。もっとも漢民族主体のチベット開発に一部で反対している勢力もあるそうだが……（２０２２年の現在もチベット対策は習政権の最大課題となっている）。

（２）胡同に泊まる

今回滞在したホテルは市内の一流ホテルでなく「胡同（フートン）」にある小さなホテルだった。少し前まではこの種の小さなホテルは不潔で、安全面でも不安があり外国人には不向きだった。このホテル会社はこの不安を解消するために小さなホテルを買い取り改装して外国人でも安心して泊まれるように運営している。したがって受付でも英語が通じ親切に応対してくれる。

ホテル名は「如家酒店」（英文名はHOME INN）といって名前のとおりアットホームな雰囲気のホテルだ（宿泊料金は２０８元、朝食バイキングが10元）。

ただし場所が胡同内でありタクシー運転手に言ってもなかなか行ってくれない。「ヨンハーゴン」に行った帰りにも地図を渡し説明したが結局分からず、近くまで行って三輪車に乗り換えホテルにたどり着いた始末だが、慣れてしまえば近くで降ろしてもらい歩いていけば問題ない。

ホテルが胡同内にあるため夕方時間が空いたので三輪車（リンタク）に乗り胡同内を回った。最初リンタクの運転手から「お前は香港人か」と言われたので「そうだ、だから北京語は旨く話せない」と言ってしばらくはその気で話していたのだが、そのうち日本人だとばれてしまった。彼は三輪車をこぎながらいろいろと胡同について説明してくれ、ときどき止まり四合院の中を案内してくれた。私が興味を持ってくると入ってはいけないところまで案内してくれその心意気がうれしい。四合院を利用した幼稚園もありその中にずかずかと入り込み、さすがにこのときは幼稚園の事務員に怒られてしまったが……「胡同」とはもともとモンゴル語で「路地裏」という意味で、資料によると北京市内には3000から4000くらい在るという。古い住宅が密集している地域で故宮周辺にもたくさん残っている。夕方の路地裏では子供たちが家の前に小さな机を持ち出し勉強している風景や大人たちがやはり裸になって将棋を指している風景も見られ庶民の生活が垣間見られる。

屋根付き四合院（旧遊郭）

四合院とは伝統的な胡同の建築様式で入り口を入ると中庭があり中庭を囲んで部屋がある。胡同内にはまだ1泊40元という外国人にはちょっとお勧めできないボロ旅館も多く存在する。

写真は屋根のある木造の四合院造りの建物。もともと遊郭だったようだ。ここは入場料（1元）を払って中を見学できる。

３００年の歴史のある建物だ。紫禁城に近いこの場所は、王侯貴族の接待社交場だったそうだ。清朝末期には一代の名妓義士であり侠女である賽金花が住んでいたとされる。その他数々の名妓がいたと資料に書いてあった。

第4章　大連で気づく

～文化の違い～

中国のアパート事情

大連到着後はホテルに5日間ほど滞在しその間アパートを探した。会社が予め探しておいた部屋のうち最初に行ったのは大連開発区の一番大きい安盛ショッピングセンターの近くの繁華街にある商業ビルの8階の一室で1階には外国語学院があり、部屋もきれいだし買い物にも便利なため大変気に入りほぼ決めてしまった。ところが私を大連に招いてくれた社長は繁華街のど真ん中にありセキュリティも十分でないため反対され、少し遠い新築のマンションを勧めてくれたので改めて部屋を見学してここに決めることにした。ここはほぼ完成しているが、まだ一部未完成で最終仕上げの段階だ。それでも既に一部入居済みのため私も早速入居することになり、スーツケースひとつもって引っ越しした（次ページの写真がアパート）。

家具調度品は備え付けているがベッドシーツ、枕、什器等は新たに買わなくて

私が入居したアパート

はならず、早速ショッピングセンターに通訳の劉さんと買い物に行くことになった。1日で完了したが、ガス、テレビ、インターネットがそれぞれの会社に連絡し使用可能になるまで4～5日かかってしまった。本来なら家主が予め契約を終えて完全になってから入居するべきなのだがこちらがあせって入居したのが悪かったのか、手続きのため毎日会社から部屋に戻り立ち会う羽目になってしまった。このため中国人の不手際さが改めて分かったのはこれから中国で生活するためにはとても参考になった。入居1週間目にしてようやくガスも使えるようになりすべて完了……と思ったら今度はテレビの衛星放送のアダプターが不調となりテレビが映らなくなってしまい、マンションの管理事務所に行って覚えたての中国語で不具合を訴えたが、事務所はこの問題はマンションと関係ないので衛星放送会社に話してくれと取り合ってくれず、またまた途方にくれてしまった。国慶節で8連休のためこの問題も休み明けまで未解決。

入居後半月ほどたってこの部屋の持ち主は近くの銀帆賓館（四星級高級ホテル）に勤める受付にいる女性だと分かった。そういえばこのアパートを下見したとき、不動産屋と一緒にホテルの制服を着た女性が付いてきていたがなんだろうと思っていた。そのときこの女性が私を知っていると言い出し、「銀帆賓館に以前泊ったことがあるでしょう。私はそのホテルの受付をしておりあなたを覚えている」と言いながら冷蔵庫やテレビの使い方を説明してくれたのだが、それでもなぜホテルの技師を連れてきているのだろうか？　と不思議に思っていた。その後も不具合があるとこの女性とホテルの技師が来て直してくれたので、この部屋はホテルが管理しているのかな？　とも思ったりした。それがこの部屋のオーナーがこの女性だと分かり、また新たに興味がわいてきた。

初めてのクッキング

入居後1週間にしてガスが使えるようになりいよいよ初めての料理開始だ。ショッピングセンターでいろいろ買い物をするが、野菜は心配なく買えたがやはり肉は買うのを躊躇した。買えなかったのは、一つには中国語に自信がなかったのと、二つには牛肉や豚肉が台の上にむき出しで並べてあり注文に応じて切ってくれるのだが、こんなむき出しで並んでいる肉はだいじょうぶか？　との理由だ。とりあえず今日は野菜類とレンコンのスライスがパックで売っていたのでそれを購入。それと衛生的な冷凍パックになった餃子を購入。冷凍餃子は一般的には陳列台に山と積んでいるものを量りで買うのだが初日は日本の冷凍パックのようにきれいにしているのを購入した（その後大連製造の餃子の冷凍パックに毒物が混入され日本で大きく報道され大問題になった。私は度々購入して食べたが問題なかった）。初めての料理は野菜をたっぷりと入れた餃子なべ。味付けは日本から持参したうどんつゆの素を使ったが結構いける。他にレンコンのスライスを使ってレンコンのキンピラを作った。食事は中国語のテレビを見ながら独りでボチボチと。これから毎日こんな風に食事するようになるだろうか！　ガスが使える前にはビールのあてに電気釜でほうれん草のおひたしを作ったがこれもいける。中国製のしょうゆもＯＫ。

朝の登校風景

アパートの周辺には大連民族学院（大学）、第八中学校、第七中学校、小学校、韓国人学校があり、周りには高層アパートが立ち並んでおり環境は非常に良い。私の部屋からは開発区第八中学校のグラウンドがよく見える。グラウンドは土のグラウンドではなく全面全天候型アンツーカーのサッカー場、バスケットボールコートなどがあり非常にきれいだ。どこの競技場か？　と見間違うくらいだ。日本の学校ではこんなグラウンドは見たことがないくらい整備されている（写真は第八中学校のグラウンド、部屋の窓から撮影）。

また、小学生の通学、下校場面に出会うこともある。登校時には父親がかばんを持ってやり小学生は手ぶらで登校している。下校時にはやはり母親や家族が校門に迎えに来ており、中には高級車で迎えにきている家族もいる。やはりかばんは母親が持ってやり子供は手ぶらで帰っている。ときには途中のコンビニ（中国語で便利店）でお菓子やアイスクリームを買ってもらいわがまま放題に育てられている。以前何かの記事で見たことがあるが、中国の一人っ子政策の影響でどの家庭でも子供が甘やかされて育っており「小皇帝」という言葉があるくらいだ。この

アパートの窓から見える学校のグラウンド

子たちが成人して社会に出てきたらどんな大人になるのか心配である。大連に来て数日後ある家族に食事を招待されたがやはり一人息子は大事にされ小学2年生なのに食事中レストラン内を走り回り、戻ってきては母親から食べ物を口に入れてもらって食べていたが、それでもこの母親は厳しく育てているが1人なので甘やかされている面もある……と言っていたが。

また、アパート前の道路際ではりんごやモモなど果物を小型トラックに積んで売っているのをよく見る。

午後になるとこのトラックが停まっている場所は第八中学校の校庭の脇なので休憩時間に生徒がフェンス越しにりんごやモモを買っている。1日経つと結構売れているもんだ。

禁煙破りは誰のせい？

現在タバコを吸っていない。過去に禁煙し日本ではそれなりに成功している。

日本にいるときは「禁煙」でなく「私はタバコを吸いません」の部類に入る。しかし中国に来るとタバコを吸い始める。中国には十数年前から何度も仕事の関係で出張してきたが、中国人と会食すると招待してくれたホストの中国人がよく宴席でタバコを一本ずつ配る習慣がある。それも配るという感じでなく一本ずつ投げてくるのである（タバコは中国での最高級タバコ、一箱８００円くらいの「中華」が定番である）。断ればよいのだが意思が弱いというか、気が弱いというか貰ったタバコに火をつける羽目になる。そうすると周りの中国人が今度は自分のタバコを次々と勧めることになる。断ればいいものを、つい「それでは戴きます」という具合でタバコを吸うことになる。また、以前こんな経験もあった。やはりある中国の会社に機器の製作を発注しその検査に出張したとき、夕食によく誘われることがあった。中国ではタバコ攻勢と同じく乾杯攻勢がある。そのときは酒攻めを警戒して「私は糖尿病で医者から酒を禁止されている」と言って酒を断ったので無理に勧められず良かったのだが、最後の夜気が緩みビールを一杯だけと言って飲んだところ、他の中国人から次々と勧められ苦労した経験がある。中国では「烟酒不分家」という言葉がある。酒とタバコは家の隔たりをはずし親しく交際するという意味らしい。中国人の結婚式に招かれた人の話によると、新郎新婦が参列した人たちの各テーブルを回り新郎は酒を注ぎ乾杯し、新婦はタバコを勧めライターで火をつけるという習慣だそうだ。それで結婚式に参列した人たちはタバコを吸わなくとも新婦につけてもらったタバコを吸うしぐさをするのだそうだ。

運転は命がけ

中国はモータリゼーションが一気に加速し大連も開発区も車が多い。車の種類も日本車、韓国車、アメリカ車、もちろん中国国産車と多種多様の車が走っている。私の住むアパートも車が多く建物の前にはたくさん駐車している。比較的大規模のマンションなのに駐車場がない。まだ満室でもないのに今から車がいっぱいでは先が思いやられる。毎日迎えに来てくれる会社の車が玄関まで横付けしてくれたのに、今日は駐車している車が多く進入するのに苦労していた。これからは玄関に横付けはできなくて、外の道で待機してもらわなければならないだろう。この迎えの車も路上駐車となり渋滞の原因となるため私はいつも早めに部屋から出て路側帯で待たなければならなくなった。

開発区内のメイン道路は信号があるためあまり交通渋滞はないが、ちょっと郊外に出ると信号のない交差点やT字路ではいつも渋滞で大変だ。信号がない交差点では車が強引に突っ込むため交差点の中央でお互いに譲らず完全にストップしてしまう。会社に行く道は信号があるが、たまに郊外の輸出加工区の工場に朝直接行くことがあり、この近くの交差点ではいつも同じように渋滞している。少し譲り合えばスムーズにいけると思うのにお互いに譲らないため完全にストップしてしまう。更に他の車が強引に割り込みをかけようとするためますます動きが取れなくなる。このようにこの国の運転マナーは我先に、優先道路などお構いなしにサーカスみたいにヒュルリヒュルリとすり抜けて走っている。同じような経験が7月に四川省の山に行ったとき、川沿いの山岳道路を走るのだがところどころ工事中の場所がありバスがすれ違えない狭い場所がある。上りと下りのバスが強引に突っ込むため1車線の道で鉢合わせしてにっちもさっちも行かなくなることが度々あった。その都度バスやトラックの運転手は譲り合おうともせず、タバコなど取り出し悠然と構えだす。そうなると誰も解決しようとせず、10分も20分も意地の張り合いが始まる。そのうち誰かがとりなしに入り、やっとどちらかが譲りバックすることになるのだが、そのときは後続が数珠繋ぎになってきているため、バックするのも大変になる。このようなことが何度も起こり目的地に着くまで3～4時間もの遅れになってしまった経験がある。したがいこの国では私のように「トロい」運転手はとても運転などできない。運転だけでなく横断歩道を渡るときなど命がけである。

社員食堂のナゾ

昼飯は基本的には会社の社員食堂でとる。私の友人が数年前に出版した『成都游游』によると（実は私が今回雑文を書き始めたのは彼に刺激されたためでもあるのだが）彼の場合は会社の幹部から社員食堂は日本人には薦められないと言われ、食べることを断念したと書いてあったが、私の場合最初から社員食堂を利用した。ただし食堂で一般社員と一緒に食事することはさすがにとめられた（中国人の食事風景はテーブルから床までそこら中食べ散らかし汚い。社長は日本にたびたび出張しており日本人のマナーを心得ており、日本人にはそのような場所で食事をしてほしくないとの配慮だと思う）。その代わりにＶＩＰ用の個室がありそこに中国人と同じものを運んでもらうことにした。ちなみに今日のメニューは①いわしの煮付け②豆腐と野菜の煮もの③スルメイカのから揚げあんかけ風④タマゴスープという風で私にとってご馳走の部類にはいる。ただしよく見ると彼らのメニューより1品多いことが分かった。①のいわしの煮付けは私のための特別メニューで日本風の味付けで美味しかった。食堂のスタッフに感謝感謝。総務に言って1週間分のメニューを貰ったが毎日が楽しみだ。もっとも一緒に働いている日本人は食堂で食べず毎日パンを買ってきて食べている。この人はもう5年ぐらい勤めているのだが飽きたと言っていた。最近ショッピングデパートの近くにおしゃれな手作りのベーカリーがオープンしたため毎日そこで買ってくると言っていた。日曜日に興味があったので私もそのパン屋に行ってみたが、日本にある手作りベーカリーと同じだ。店の一角にコーヒーショップがありコーヒーを頼んでパンを食べることができる。日本ではよく見かける風景だが、中国では珍しい風景だ（これは２００６年頃の状況であり、現在では日本や欧米の文化を取り入れており日本以上になんでもそろっている）。

中国で韓国人と英語で話す

現役時代に取引のあった某韓国会社のＬｅｅさんが大連に出張してきたので久しぶりに韓国料理屋で会食をした。本格的な韓国料理も久しぶりだ。

Ｌｅｅさんは英語が流暢なため久しぶりに英語で会話を楽しめた。毎日中国語で苦労しているためか、私の英語もたいしたことないが、なんだか流暢に会話を楽しめたような錯覚に陥った感じがして非常にうれしく思った。同席した中国人の女性も以前から知っている人で英語も堪能な人なのでこの日は中国に来ている感じがしなかった。彼らは大連の工場でこれから仕事をしていくそうなので、今後たびたび会う可能性があるそうだ。少しだけ楽しみが増えた感じだ。

大連には韓国人（朝鮮人）がたくさんいる。私のアパートから見える第八中学校の並びには大連韓国国際学校がある。そのためアパートの周辺は韓国人が多く住んでいる地区らしく韓国食堂や韓国スーパーなどがある。韓国食堂には犬肉が出るところがある。店の看板で「狗」の字があるところは犬肉が出るところだ。

ビジネスや工場関係で中国に滞在している韓国人は別として、もともと中国に住んでいる場合は、今は少数民族になった「朝鮮族」であり正確には韓国人と呼ばず朝鮮族系の中国人と呼ぶべきだろう。現在の中国は漢民族がほとんどであり、長い中国の歴史で栄枯盛衰を繰り返した他の民族は今や少数民族として各地に点在し住んでいる。その多くは今や保護の対象となっているそうだ。7月に四川省の四姑娘山に行ったが、その山域のアバチベット系チャン族などその部類だ。少数民族の数は55ほどあるという。朝鮮族は少数民族というべきだが、それぞれ力を付けてきており今や少数民族というより大きな勢力となっている。

「暖房方式」で天国と地獄

大連に来てから3ヶ月がたった11月の初め、朝起きたら雪が降っていた。初雪のようだ。地元の人に聞いたら例年より早いそうだ。大連では冬でも雪が降らないと聞いていたが、この時期の雪はまだそれほど寒くなくボタン雪のような降り方だ。逆に冬は乾燥した気候でほとんど雪は降らないそうだ。気温もまだ零下にはなっていなかったが初めての雪のため一日中寒さに震えていた。大連では冬は集中暖房方式のため市内中熱水配管が整備され一様に暖房できるようになっている。毎年11月15日に熱水の供給が開始されるとのこと。それまで急に寒気が来た場合各家庭では部屋の中で厚着をしてしのぐそうだ。私の部屋ではベッドの布団は夏用の薄い掛け布団1枚のためどうなるのだろう。しかしここ数日は気温も0度近くまで下がっており相当寒いのだが、部屋では厚着しなくても過ごせるのはなぜだろう。

夜も寒くない。新築の最新設備を備えた建物のため床暖房方式になっているのだが、床を触っても別に暖かくないのに部屋はあまり寒くない。熱供給局の熱水が来る前に自家製の温水を流しているのだろうか？　友人のアパートは床暖房方式でなく、部屋に熱水のラジエーターが設置されそれにより暖房される構造になっているそうだが、熱水が供給される前は寒くて眠れないので毛布や厚い掛け布団を用意しているそうだ。熱水がくれば不要だがそれまでの数日間のために毛布や掛け布団を購入して対応していると言っていた。

そういう意味では新築のアパートに住んでよかったのかもしれない。以前にも報告したがアパートを選ぶとき、最初買い物に便利な繁華街にある商業ビルに入ろうとしたのだが、その建物は少し古いのでそこに入居していたら多分今頃は夜震えていたかもしれない。現在のアパートを薦めてくれた社長に感謝。

会社事務所はまだ暖房が入っていないためジッと座っていると体が冷えてくる。会社では冬用の外套を支給しているため、気の早い人は室内で外套を着て仕事をしている。これもあと数日の辛抱だ。本格的な冬になると事務棟から食堂に移動するだけで体が冷えるため現場作業員だけでなく事務員にも外套が支給されている。

電子レンジの値段

大連に来てからアパートでの自炊生活を楽しんでいる。自炊といってもフライパンと鍋が各１個あるだけでなかなか日本で料理するようにはいかない。一番困ったのは電子レンジだ。最初入居したとき電子レンジが置いていないのに気が付いたが、１年以内の短期滞在ということもあり新たに購入することをためらった。しかし日本で電子レンジという便利な調理器に慣れると、電子レンジがないとどれだけ不便か身にしみて感じ始めた。私の先入観かもしれないが電子レンジは何万円もする高価な家電品と思っていた。少なくとも我が家では10年以上前この文明の利器を買ったときは10万円を越えていたはずである。

ところが大連の家電量販店をのぞいたら、なんと一番安いのは３００元（約４０００円）からある。中国ではこんなに安いのかと目を疑った。それならばと早速買いに行き、だいぶ値切って中級クラスを４９９元（約７０００円）で購入した。メーカーは中国の有名ブランドのハイアールだ。日本の電器メーカーとの技術提携で作っていると店員は言っていた。我が家で使っていた旧式のものと比べメニューボタンがたくさんあり使いこなせるまでにはいかない。何しろ温める機能だけあれば十分だからもったいないくらいだ。単身赴任族には常識だがご飯を炊くとき多めに炊きいくつかの茶碗にわけ冷蔵庫に保管し、食べるときチンすればよいのだから早速実行した。これならチビチビとご飯を炊かなくても済む。早速カレーも4人分作り久しぶりに日本の味を楽しんだ。残りは冷蔵庫行きだ。

英語は第一外国語

中国では2001年から小学生に英語教育が実施され、以降英語教育に力を入れている。その背景には2001年にWTO加盟や北京オリンピック開催が決まったことにある。大連では外国語教育といえば日本語が一番人気が高かったように聞いているが、国の方針で英語を第一外国語として小学校1年から授業を始めている。大連に来て間もなく中国人の家族から食事に招待されたことを書いたが、この家族には小学2年生の男の子がいるが小学校の授業以外に英語の塾に通わせている。このためこの子とは英語で話をすることができた。もちろん両親は英語を全く話せない。

私が在職中中国に出張したとき、中国国内ではどこに行っても簡単な英語すら通じず、やむを得ず一日中通訳を伴って行動せざるを得なかったのだが、今回大連に滞在する2年前、北京の故宮博物院の観光に行ったとき門の近くで小学生と思われる女の子が外国人に英語で話しかけている光景を見たことがあった。しかし、このときは「あぁー、中国も変わったな」程度にしか思わなかった。昨今の世界情勢を見ても分かるとおり今や中国の政治・経済の相手は日本ではなくアメリカになっている。中国が世界大国になるためには英語が世界語になっている現状では英語を普及させる必要性を感じたのかもしれない。このため英語は今一番人気の外国語のようだ。

私を大連に招いてくれた大連の会社の社長の一人息子が高校を卒業するにあたり、卒業したら日本かアメリカに留学させたいがどちらが良いかとの相談を受けた。この会社は日本企業との取引で成長したこともあり社長自身は日本に留学させたい思いがあったが、私の考えは将来を見据えたらアメリカに留学して英語を身につけたほうがよいとアドバイスした。

（注：現在ではこの会社はヒューストンに工場を建設し息子はアメリカの会社の社長として活躍しているので結果的にはあのときのアドバイスが役に立ったのだろうと思っている）

好感度抜群！　外国人１１０番

開発区の公安局（警察）では外国人登録をする部署の事務所には次ページの写真のような「１１０番サービスカード」が置いてある。日本語版と英語版の2種類ある。中国の公安は、私にとって何かあると問答無用で逮捕されるという怖いイメージしかなかったのでとっ付きにくい感じを持っていた。３ヶ月前大連に入国し居住証明の取得や滞在ビザの取得で公安局に行ったのだが、強面（こわもて）の感じが全くなく、書類の書き方に不備があっても黙って突き返されるのでもなく、丁寧に教えてくれすぐ受理してくれた。これまでは中国公安のイメージを先入観で見ていたのかもしれない。それとも近代化された中国のイメージアップのための対応なのか？　とにかく気持ちの良い対応だった。

外国人 110 番

　更に「１１０番サービスカード」が置いてあったのでますます好感度が上がった。

　カードには次のように書かれている（原文のまま）。

「大連開発区公安局の１１０番はあなたのために協力を提供します。必要なとき、１１０番をかけてください。あるいはこのカードを中国人に渡して、かけてもらえるように協力をお願いすることもできます。同時にあなたの所在の具体的な位置を説明してください。大連開発区公安局」（注：中国でも警察への緊急連絡は110番で日本と同じ）

日本総領事館大連駐在事務官は日本人会の会合で「大連は中国の大都市の中ではトップクラスで治安が良い。外国人の治安・公安に注意を配り努力している」と評価しているのもうなずける。

「無問題」は大問題

入居してから2ヶ月ほどしてから突然家のテレビが映らなくなった。それで例のホテルの受付にいる大家さんに連絡して修理に来てもらった。いつもどおりホテルの電気技師が修理に来たが、画像が乱れ音声も出ない状態なのに配線をあちこちいじくり回し、結論は「回線上は問題ありません」との答えだった。「おいおい、まだ直っていないではないか」と言うと、「配線を確認したが問題はなかった。テレビが映らないのは有線の回路の問題なので有線テレビの会社に連絡しておくので来週月曜日に有線テレビ会社の技術者が再度見に来る」とのこと（上記のやり取りは当然中国語だが、私は相変わらず中国語が正しく理解できず会社の通訳の女性に電話して、代わってもらい状況を電気技師に聞いてその内容を私に日本語で説明してもらうというまどろっこしい方法で状況確認を行った）。この「回線上は問題ありません。これで私の仕事は終わったので帰ります」と聞いたときはさすがにカチンと来たが文句を言おうにも悲しいかな「アーウー」としか出てこないためニコニコと「分かった！　再見！」と言って帰ってもらった。

翌週月曜日仕事の合間を抜けて家に戻り有線テレビの技師に見てもらった。この技師も同じようにあちこちと1時間近くいじくり回し、特に回線の接触状況を調べていたが原因が分からず、最後には彼の会社の上司に連絡して指示を仰いでいた。その結果建物の有線回路の差し込みとテレビの受信器をつなぐアダプターの新品をとりに行って取り替えると映るようになった。原因はアダプター自体が不良で信号が送られなかったようだ。それでこの技師が原因等状況を早口で説明しだしたので、例によって会社の通訳の女性に電話をして電話越しに通訳してもらった。やっと直ったので安心していたらこの技師は接続した新品のアダプターをはずし何かぶつぶつ言いながら帰ろうとしたのであわてて「等一下！（待ってください――この程度の中国語なら話せます）」と引きとめ、また通訳に電話しアダプターを持っていかれたらまたテレビが映らなくなるので映る状態にして帰ってくれ……と文句を言った。するとこの有線テレビ技師は「アダプターはわが社の責任ではないので受信者が自分で買って接続すべきである」という答えが返ってきた。それで今度はアパートの持ち主に電話して「この問題はアパートの持ち主が解決する問題でありなんとかしろ！」と再度クレームをしたら家主から直接くだんの技師に電話してアダプターをつないでもらった。「アダプター代は家主が払うのでお金をホテルにとりに来なさい」とでも説明したのだろうか。これで問題が解決したがこの程度でも2日間も仕事を抜けて立ち会わざるを得なかった。

この辺がまだ中国らしいところで、何かことが起こるとそれぞれの関係者に連絡をとり対応してもらうのだがいつも「私の仕事は○○です。だからこの件は私の責任範囲外なのでできません」と言われ問題がなかなか解決しないことがある。同じようなことが会社でも大なり小なり発生しており中国人と仕事をするうえで一番難しいところだ。

また別の日に部屋のブレーカーが落ち漏電の恐れがあるため連絡し点検に来てもらったことがあった。このときも漏電の恐れがあるので至急来てほしいと連絡したところやはりホテルの電気技師が来て調べたがあれほど漏電の恐れがあると説明しておいたのにテスターも持たず手ぶらで見に来た。案の定テスターがないので詳しくはわからないと言って帰ってしまい、また出直しで立ち会った。

当然のことだが回路すべてを調べてもらい、建物の配線工事不良によるネジの緩みによるショートだと分かった。

このときも「火災の恐れがあるので念入りに調べてくれ……」と注文を出した

ら「漏電したらブレーカーが落ちるから問題ない、そのためにブレーカーがあるのだから」とシャーシャーと言われたのにはこれもまたカチンと来る中国人の対応だった。

入居してからまだ2ヶ月程度なのに上記以外にも細かい不具合が何度かあり、作業員の「馬馬虎虎」ぶりが感じられる。

「お客様は神様」の国の言葉

毎日昼休み日本語を教えているが、当初は日本の百円ショップで買った『やさしい日常中国語』を使い日本語と中国語を裏返しに基本会話を教えていた。しかし初心者もいたためやはり基本から教えたほうが良いので今中国で日本語のテキストとして一番多く使われている『みんなの日本語初級』を使い始めた。

当然私も購入した。2冊で35元（日本円で525円くらい）。テキストにある会話の例文をもとにいろいろ日本語の使い方を説明する。例えば今日このような例文があった。

デパートにて、

客「〇〇はどこですか？」

店員「2階にございます」……

とこのような例文があるのだが、テキストには何の説明もない。

丸暗記せよということか？　この「…にございます」の意味は「あります」の丁寧言葉であることを説明するのだが、なぜ丁寧言葉を使うのかという状況から説明しなければならない。日本語では「…にある」「…にあります」「…にございます」というように同じ意味でも相手によって言葉を使い分ける。

日本では「お客様は神様です」などと言われるが、お客様を最高の位に扱うようにしている……というように説明しようとするのだが、当然中国語でどのように説明したらよいのか分からない。「神様」をどう説明したらよいか電子辞書を引いたら神様は中国語に該当する言葉で「上帝」が一番あっていると生徒から逆に教えてもらった。一同納得。このように毎日教え教えられの勉強をしており大変楽しい時間だ。

なぜこのようなことを書いたのかというと、たまたま帰宅後2リットルのミネラルウオーターがなくなったので近くの商店に立ち寄ったのだが、店に入って見渡しても500ミリのボトルはあるのだが2リットルの大きいボトルが見つからなかった。そこで店員に大きいのはないのかと聞いたらどうやらレジにいた若い子は分からなかったらしく返事がなかった。そうしたら入り口近くで会話を聞いていた女主人が大きな声で「ヨウ！（ある）」と声が返ってきた。そこで「見当たらないがどこにあるのか」と聞いたらまた「ヨウ！」とだけ怒鳴り声がかえってきた。私は「あるのならどこにあるのか教えてくれ！」と思ったのだが悲しいかなこれ以上の中国語は表現できないので自分でやっと探しレジに持っていき、いくらかとたずねたらまた女主人が怒ったように大きな声で「3クアイ（元）」とだけ答えてきた。お金を払って帰ろうとしたら、また大きな声で「それしか買わないのか」と浴びせてきた。この間この女主人は終始一歩も動かず、にこりともせず応対していた。以前は商店などではこのような態度で「売ってやる」という姿勢だったが最近はだいぶ変わってきてどこの店でも愛想もよくなったのだが、まだこんな店があるのだなと感慨深い気持ちとなった。私のアパートの周辺には個人経営の小さな店が並んでおり、どこの店も似たような感じだが、やはり最近は大型スーパーや大規模市場に押され小さい店は経営が苦しいため毎日不機嫌なのかとも感じた。この店も飲み物と乾物くらいしか置いていないため客も全く入っていなくて寂れていた。

逆に同情も禁じえなかった。日本の「お客様は神様」とは全くかけ離れた光景だった。

にせもの天国

中国語の先生の友人が近くのショッピングセンターの中の時計屋の店員をして

いると言うので一緒に会いに行った。以前日本語を一緒に勉強した友だちだとかで日本語は堪能だ。昨年末日本語検定1級を受験したといっていた。この友人は店員と言っていたが実はこの店の経営者の娘でいわば社長令嬢なのだ。

この店は時計や装飾品など置いている比較的大きな店だ。ショーケースにはいろいろな種類の時計をおいているが、これらはどうやら正規のルートで仕入れている本物の商品だ。もちろんこれが本来の売り場なのだが、買いに来るお客さんは（主に日本人）こんなものには見向きもせず、なにやらお嬢さん店員と話をしていると奥から高級ブランドの時計をわしづかみにして持ってきた。いわゆるニセブランドの時計だ。客はニセブランドの時計を買いに来ていたのだ。このようににせものが大きなショッピングセンターの中のちゃんとした店でこっそりと売られているのに驚いてしまった。このお嬢さん店員も悪びれず「にせものですよ」と言って「お客さんを紹介してね！」と頼まれてしまった（注：この店の名誉のために補足するが、普段は善良な中国人の買い物客で繁盛しており当然正規の時計がよく売れているそうだ）。

中国にはあらゆるコピー商品が出回っている。上記のような時計はもちろんのこと、バッグなど日本人が大好きなブランド品は何でもそろっている。ＣＤ、ＤＶＤなどは大手の書店、ＣＤショップ、露店などどこでも売っている。アメリカや日本の新作映画やテレビドラマなど発表（上映）されるとすぐに店頭に並ぶ。ＮＨＫの「大河ドラマ」やその他人気ドラマなど日本では売っていないものがきれいな箱入りで売っている。現在の中国では繁体字は使われておらず一部の若い人の中には繁体字を読めない人もいるというのに、主な購買層（若者）むけのＣＤが繁体字で書かれているのは理解できない。外箱の曲名は簡体字で印刷されているのに！　これは香港などで作られた海賊版を中国で再海賊したのだろうか？　何でもありの国だから十分ありえる。

著作権問題で中国は諸外国から非難されており、中国も国の威信にかけても取り締まりしているが依然としてよくならない。

商品だけでなく偽札もかなり出回っておりこれを掴まされたら、掴まされ損だ。私も以前ニセ１００元札を掴まされたが、悔しいのでそのお金をほかの店で何度か使おうとしたがさすが店の人にはすぐ偽札だと見破られ、とうとうばば抜きのばばみたいに残ってしまい、結局記念品として持っておくしかないのか(偽札は北朝鮮が大量に印刷して中国国内に流通させているという情報が流れている)。

「結婚紹介所」看板の末路

町を散歩しているといろいろな発見をする。繁華街から外れたちょっと寂しい感じの通りの壁に次ページにあるような看板を見付けた。日本的に言うと「結婚紹介所」とでも言うか、このような商売が出てきたのかと少なからず驚いた。写真を撮って知り合いの中国人に見てもらったところ、このようなところは信用で

結婚紹介ビジネス

きない。トラブルも起こっている……との返事だった（このように写真を撮ったらいつも数人の中国人に見せ意見を聞いている）。

１９７０年代に始まった一人っ子政策の子供たちが結婚・出産を迎えるときが来た。政府の発表によると、一人っ子政策が実施されてから1億人生まれたという。一人っ子政策のおかげで農村部では後継者問題等の理由で男子の出生が多くなっているため、男女のバランスが大きく崩れていると言及している。

これは当時の農村は女子の誕生を喜ばなかったための結果だ（どういう事が行われていたかは想像に難くないが）。とにかく政府発表によると２０２０年までには20歳から40歳の男性は３０００万人くらい女性の数より多いという。以前から中国はアメリカから人権問題の改善を強く要求されてきたのだが、このようなことを公表することは中国政府も少しずつ近代化している証拠なのだろう。とにかく今後男性にとって結婚相手を探すのは大変なことになるのは事実だ。

上記のような結婚紹介所は今のところあまり評判がよくないようだが、どうやら時代を先取りしたビジネスになるような予感がする。

（追記：１週間後付近を通るとこの結婚相談所の看板が破られていた。たぶんだまされた人が怒って破ったのだろうか？）

カササギとカラス

日本ではあまり野鳥に興味がなかったのだが、野鳥に関心のある友人に影響されてか、こちらに来てから公園などを散歩するとき鳥が飛んでいると多少興味を持って接している。大連には白と黒に見事に分かれたきれいな鳥がたくさんいる。日本では見たこともない鳥なので最初この鳥がなんと言うのか分からなかったが、最近「カササギ」という鳥だと知った。早速広辞苑で調べてみると日本には17世紀ごろ朝鮮から持ち込まれ、現在は北九州に生息し日本では天然記念物に指定されているという。しかしこちらではたくさんいる。中国のほかの地域では保護されているため増えすぎて困っているところもあるそうだ。

何とか写真に収めたいと思いカメラを向けるのだが近づくとすぐ逃げてしまいなかなかカメラに収まらない。遠くから撮ったのが上の写真だ。

カササギ

更に、広辞苑によるとカササギはカラス科に属する……と書いてあった。これを知ったとたんこのきれいな鳥が何だか俗っぽい鳥のように思えたのは日本ではカラスに対するイメージが悪すぎるためか？

大連では冬になると海面が凍結する。この凍結した海面に鴨など人間が食べても美味しそうな鳥が群れているのだが、これをめがけて鷲が襲い捕食する光景がニュースで伝えられた。驚くことにカササギがコバンザメのように鷲に追従し、食べ残しを漁るという。なぜかカササギは鷲に襲われない。カササギは鷲にとって美味しくないのだろうか？　やはりカラスは相当知恵の働く鳥であり、カササギもカラスと同様鷲と共生するすべを心得ているのかもしれない。

市内にいるカササギは住宅街や公園内のどこにもおり住宅街では青空市場で散らかした切れ端など食べており、かわいらしい鳥なのでこれからもやさしく観察することにしよう。

雑技（サーカス）の子供たち

テレビでは相変わらず「雑技」が人気で毎日放送されている。テレビに出る華やかで有名な雑技団でなくとも、我々の身近なところでもアトラクションで雑技がよく見られる。カラオケクラブでのクリスマスパーティーでも小学生と思える子供たちの曲芸が披露された。粗末な衣装を身にまとって一生懸命演じており私だけでなくほかの日本人の客も思わず拍手をしてたたえた。

現役時代上海に滞在していた頃、有名な和平飯店で食事をしていたときショウタイムに子供たちの雑技が演じられた。このときは幼稚園児くらいの幼い子が一生懸命難しそうな技を演じ失敗しても何度も繰り返し挑戦している姿を見て涙が出てきたことを思い出した。以前からこういう子供たちはどんな気持ちで演じているのか気になっていた。

滞在中テレビを観ていると、小さな子供たちが寒空の下街頭で雑技をして通行人から何らかの金をもらっているニュースが取り上げられていた。これらの子供たちはほとんどが親を亡くした孤児であったり、小さい頃から親から見放されたりして、親方に拾われ厳しくしつけられ街頭に出て雑技をして金を稼いでいるという。（注：これら児童虐待のような行為は私が中国に滞在していた２００６年頃の話だが現在はこのような行為はないと聞いている）

それにしても雑技がどうしてこんなに人気があるのだろう？　軍隊までも雑技

団を持っている。「○○方面軍雑技団」とか「△△師団雑技団」などがテレビに出演して技を競っている。特に美女ぞろいの雑技は見ていても楽しい。皆一様に頭に軍帽をかぶっており、下はレオタード姿のなまめかしい格好だ。演技終了後は皆軍隊式に敬礼するのはご愛嬌だ。軍の雑技団でも子供が主要な技を演じているが、軍隊になぜ子供がいるのか分からない。

餃子づくりに挑戦

中国語を勉強している学校で日曜日餃子教室をするので来ないか？　と誘いを受けた。私の中国語の先生も一緒に参加してくれた。当日は餃子づくりといっても餡と皮の材料は既に準備してあり、皮を麺棒で円く、薄く延ばすところから始めた。なかなか円くならず結構難しい。我々日本人が1枚作っている間に中国人はてきぱきと次々と3、4倍のスピードで皮を作っていった。プロの職人になると一度に3本の麺棒を使い同時に3枚の皮を作るそうだ。さすが餃子の本場だ、見てみたいものだ。私も少しずつ慣れてくると中国人並みにできるようになった。結構面白いものだ。

次は餡を包む作業に入った。日本式の包み方と少し違う。一緒に参加した主婦のＴさんはさすが主婦だけあっててきぱきと包んでいったが、中国の人から「その包み方は違う」と指摘され指導を受けていた。「私はプロの主婦よ、餃子は日本でも度々作っておりこの包み方のほうが慣れているからいいの！」と言いながら、指導をうけていたがこれが餃子に対する中国人のこだわりなのだろう。

一とおり包み終わったところで皆で試食した。さすが自分で作ったものだけあって形は悪くても非常に美味しかった。思わず「今まで食べた餃子の中で一番美味い！」と叫んでしまった（もちろん中国語で）。

・餃子に関するうんちく

餃子（ジアオズ）の〝ジアオ〟が脚（ジアオ）とおなじ発音のため〝旅〟に通じ

これから長い旅に出るとき旅の安全を祈念して餃子を食べるという習慣があり、

上車前　吃餃子（車に乗る前餃子を食べ——すなわち旅に出る前に餃子を食べ）

下車后　吃面（車を降りた後麺を食べる——帰ったら麺を食べる）

という言葉が一般に言い伝えられているという。

このことを中国人に聞いたら、長期の出張や旅行に出るときはやはり家族で餃子を作り皆で食べて「一路平安」を祈るそうだ。でも無事帰った後は麺を食べる習慣は省略することが多いそうだ。

CTスキャン

大連に来て初めて病院に行った。といっても中国の病院でなく日本人商工会が開設している日本人医師による医療相談だ。週3回開発区の「アカシア別荘（日本人居住区）」内にある医務室で診察を行っている。風邪などの病気については薬なども処方している。最近足がふらつくような気がして念のため相談に行ったのだが、月2、3回大黒山に登山している割にはなぜか足元がすっきりしない。

医者に診てもらおうと思ったきっかけは、私が通っている外国語学校の50歳になる日本人講師が2週間前脳溢血で亡くなられたことだ。この人は日頃から血圧が高かったそうだが、倒れる前日も頭が痛いと言っていたそうで、翌日日曜日買い物している途中突然意識を失いまわりの中国人が救急車を呼んで開発区内の病院に搬送された。病院に着いたときは意識も回復し話もできたそうだ。その後再度意識がなくなり病院ではあわてて大連市内の大きな病院に移送されたが、もうこの時点では手遅れで倒れてから4日後に亡くなったそうだ。この種の病気は初期手当てが大事で、初期に適切な処置をしていれば助かる可能性があるというのだが、意識があり話もしていたことから処置の方法がどうだったのか真相は分からない。とにかく彼女にとって運が悪かったのかもしれない。海外に駐在している人にとって往々にしてこのようなリスクが伴う。

このようなことがあった後だからというわけではないのだが、この日本人医師は念のためＣＴスキャンで検査してみようと大連市内の「大連市中央病院」を予約してくれた。

結果は「軽い脳梗塞の痕が見られる」とのことだった。今は問題がないがいつか脳梗塞が起こる可能性がある、と診断された。当面は脳梗塞を抑える薬を飲んだらよいと言われ薬を渡された。

初めてＣＴスキャン診断を受けたのだが早期に発見できてよかったと思う。しかし、この後入院に及ぶことになろうとは、思いもよらなかった。

いきなりの入院

夏のある土曜日、大連市内のクラブでオーストリア人のＰ氏といつものとおりウイスキーをしこたま飲み、明日久しぶりに大黒山に登ろうと約束していた。翌日曜日、朝家を出ようとしたとき突然めまいと体の左側、顔面から肩、手、足まで痺れを感じた。それでもＰ氏の家まで10分くらい歩いていくと痺れが収まってきた。とはいえ不安があるのでＰ氏に事情を話し今日の予定を中止することにし、彼の家で少し休憩させてもらいその後自分のアパートまで帰った。午後体調も回復したので買い物のため外出したのだが再び同じような発作を起こしたので「これはヤバイ」と感じ、日本人の友人に連絡して「開発区病院」に行くことにした。日曜日のため救急センターに行き当直の医師の診断を受け、血圧を測ったらなんと２４５／１４０という今までに経験したことのない高い血圧で、当直の医師も「これは危険な状態だ」ということで即入院となった。診断は急性脳虚血発作というらしく脳血栓による発作らしい。

　このため、着の身着のままで入院する羽目になった。最初の３日間は病院に来たときの服装のままベッドに横たわり点滴やらなにやら治療を受け、まるで野戦病院のような状態だった。病院では食事は提供されないため自分で調達せざるを得ない。会社が付き添いの人を付けてくれたため、付き添いの人が外の食堂から調達することになる。病院には食堂があるのだが主治医から病院の食堂は塩分や油の使用が多いので勧められないと言われ病院の食堂は利用しないことにした。

中国の病院では看護師は医療補助業務以外の一切のお手伝いをしてくれないので患者がお手伝いを自分で手配しなければならないシステムになっている。他の業種では（例えばレストランなど）人が余るくらいたくさんおり、サービスに努めているのだが、病院では資格が必要なのかとにかく職員の数が少ないように感じる。Nurse Station（このように英語で看板が出ている）に行っても看護師はいつも忙しそうにしており一人しかいないときが多い。とにかく看護師が少ない。

中国では脳血管病関係の患者が多いらしく2階の内科病棟はほとんどが私と同じような患者らしい。このため廊下の壁には脳血管病に対する対応の仕方について説明書きがボードになって貼ってある。いかにこの種の患者が多いか分かる。この病棟の主任医師は夕方になると担当医師数人を連れて巡回検診に来る。顔はケーシー高峰みたいな顔をしており愛嬌がありそうなのだが巡回検診ではなかな

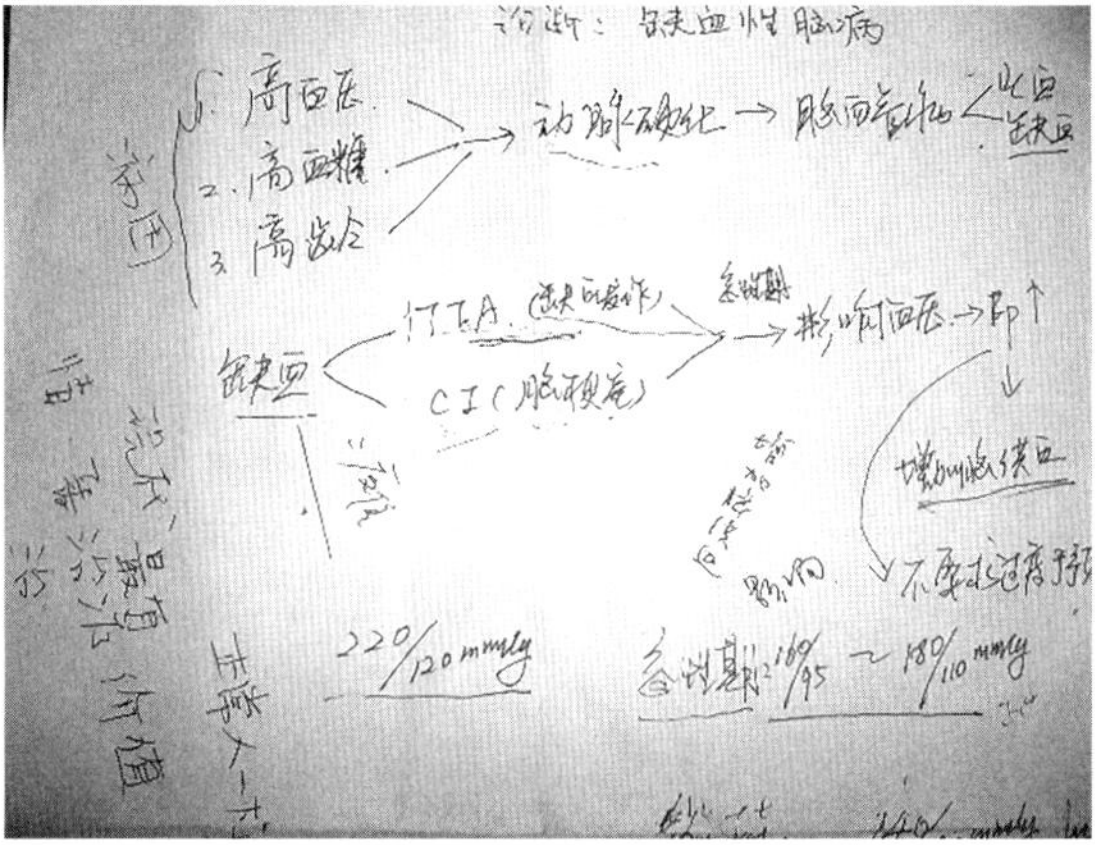

入院した病院の医師との筆談

か威厳がある。

一人で検診に来たとき私の病状について、「血圧が２１０から１５０くらいまで毎日上がり下がりしており心配だ」と訴えたら「この病院では脳血管病の臨床治療の実績がたくさんあり、経験的に言って血圧が乱高下していても心配ない」と説明してくれた。医師とは主に筆談で話をした。難しい問題は通訳に来てもらい相談したが、やはり細かいことまで聞けないのがまどろっこしい（上は医師との筆談による病状説明）。

中国の病院システム

開発区病院にて10日間入院することになったが、異国の地で入院という貴重な経験をした。

先ず戸惑ったのはすべてが前金制になっていることだ。救急センターで診察を受けるとき、窓口でお金を払い領収証を持って当直医の診察を受ける。次にこの医師が診察しＣＴスキャンが必要になったため再び会計に行き検査費用を払いＣＴ室に行って検査してもらう。検査結果はすぐ出てＣＴ写真を自分で持って最初の当直医のところに行き診察を受ける。その結果緊急入院が必要と言われ医師は病室の手配をしてくれたのは良かったが、また前金が必要になり概算で３０００元払えという。急なことでこんな大金を持ち合わせなかったが、払えなければ入院できないと言われとにかく友人たちの持ち合わせの金を集め何とか入院することができた。

病室は幸い個室が空いていたので入室できたが、一般的には４人から６人部屋が多いようだ。日本人が入院したとすぐ評判になりときどき覗きに来る人もいた。あつかましい人は病室の中までずかずかと入ってきて病室の中を見回し「いい部屋だな！　この部屋はいくらだ？」と聞いてくる人もいた。個室にはトイレ、洗面台、テレビ、冷蔵庫、ソファーがあり付き添い用の予備ベッドが備わっている。

ただし、食事がない。食事は外の食堂から買ってこなくてはならないのが不便だ。中国人の入院患者の場合は毎日家で作って持ってくることもあるが、カップラーメンを食べている人もいる。私の場合も差し入れにカップラーメンを持ってきた人がいた。そのため、病人の食事コントロールが難しい。私の場合、毎日の食事が一番大変だった。糖尿病もあり医者からカロリー制限を言われているにもかかわらず、外の食堂から取った健常者と同じ食事を遠慮しながらも結局は腹いっぱい食べてしまい病人としてはよくないことになってしまった。医者が回診のたびに塩分は１日何グラム以下だの糖分は控えろだの言うのだがどうしようもない。おまけにお見舞いの人たちは差し入れを持ってきてくれ「食べよ！　もっと食べよ！」と言われ、この点は本当につらい体験だった。逆に以前日本で入院したときは食事制限のため毎日の病院食はほんの僅かで毎日ひもじい思いをしたのが思い出された。

話は変わって、部屋備え付けのテレビを見たら、このテレビのブランドは〝Natrohal〟と金のロゴが付いていた。最初見たら〝National〟と勘違いしたがよく見ると旧式のテレビであり日本製と違うのに気が付いた。この手のニセブランドは初期の頃の物でご愛嬌だが、今は全く見分けが付かないにせものが当然のように出回っている。毎日テレビを観ながら中国のにせもの天国ぶりに思いをめぐらせている。

姜さんが日本語を学んだ理由

入院していたとき、毎日朝になると窓外からミンミンゼミの声が聞こえてきた。日本で今住んでいる関西地方ではミンミンゼミの声はあまり聞かれずクマゼミが多い。関東で育ったためなぜかミンミンゼミの声を聞くと子供の頃を思い出した。このため毎日付き添いで来てくれる姜さんと子供の頃の話をした。私の生まれた千葉県でのこと、今住んでいる奈良県のことなど。姜さんからは彼女の生い立ちから現在にいたるまでの話をしてもらった。

姜さんは日本語の会話はあまり上手ではないが、読み書きはなかなか優れている。日本語はいつ勉強したのかと聞いたら独学で勉強したのだと言う。毎日こつこつと勉強し今では『大学の日本語』という随筆集をスラスラと読めるくらいだ。たいしたもんだ。この随筆集は日本の一流の作家たちの短文を集めたものだが、日本人の私でも興味のある文章が多くのっている。

どうして日本語を勉強したのかと聞いたら、高級中学（日本の高校にあたる）を卒業した後、日系の某メーカーに就職し約10年間組み立てラインで働き、ラインのグループリーダーまで出世した。工場には日本人の技術者が来ているため日本語で書かれた指示書などは理解できたが、残念ながら日本人技術者と話す機会はあまりなく会話のほうは上達しなかったそうだ。結婚して子供ができたため3交代勤務ができなくなり、昼間の事務員として現在の会社に入社したそうだ。彼女とは会社ではあまり話もしたことはなかったし、また一般事務員の経歴など知る機会もなかったので入院中知られざる一面を知ることができた。

また、『三国志』の話が出たとき彼女は高校時代『三国志演義』を原書で全部読んだと言っていた。中国人でも原書で全部読み通すのは大変であり、相当優秀な学生だったのだろう。

地方の高校を出ても以前は大学に進学する人は少なく、ほとんどが就職するのだが、仕事は組み立てラインの女子工員になるのが普通だったのかもしれない。このため地方からの優秀な工員たちが現在の中国の製造業を支えているのだと改めて感じた。

彼女は私が毎日食事で苦労しているのを知って3日目頃から毎朝自宅でおかゆ

を作って持ってきてくれた。このおかゆが入院中の一番の楽しみとなった。姜さんのことは一生忘れないだろう。ちなみに彼女の出身は以前私が旅行した大連郊外の安波温泉の村だそうだ。素朴な静かな村だった。

留学の壁となる戸籍上の問題

　昨年9月から中国語を教えてもらっている先生は、4月から日本の大学に留学することになっていることは以前の報告で紹介していた（22ページ）。実は彼女は日本政府から「戸籍上の問題」という理由でビザが下りなかったので日本への留学は断念せざるを得なかったのだ。

　日本へ留学する手順は①前年の10月頃希望する大学に願書を出しその後大学が実施する学力試験および面接等で入学が許可される。②合格後必要書類をそろえ大学経由で外務省に留学ビザ申請をする。③外務省では書類審査のうえ翌年2月頃に大学に対し留学許可の通知を出す。④大学から留学生に対し留学許可書を送付しそれを持って在中国の日本領事館に留学ビザの申請をする。……大体このような手順でビザ申請をするらしい。それにしても前年の10月頃提出された入学願書に対し留学許可を出すのが2月末頃というのは遅すぎるのではないか。確かに日本留学希望者は最近急増し申請してもなかなか許可が下りないそうだ。私の先生の場合手続きをする代理店がありこの代理店が取り扱った留学希望者20人に対し留学許可およびビザが下りたのはたったの6人だったそうだ。確かに留学といってもピンからキリまであり、留学の名目で日本に行き実態は学業をほったらかしでアルバイトなど就業目的の学生もいて問題があるのも事実だ。しかしまじめに勉強目的で留学する学生も多い。

ほとんどの留学生は親の仕送りでは足りないためアルバイトせざるを得ないのだが留学する前からどんなアルバイトがあるのか一番の関心ごとだ。彼女もアルバイトのことを勉強以上に心配していた。

とにかく彼女の場合3月になっても大学から何の連絡もないので再三にわたり

国際電話で大学に問い合わせた結果3月中旬過ぎになり「戸籍上の不備があり留学許可は却下」という回答が来た。この「戸籍上の問題」がよく分からない。彼女の戸籍がどうなっているのかプライバシーの問題なので詳しく聞けなかったが、一般的にいうと地方では戸籍が完全に整備されていない場合が多くときには戸籍が売買されることがあるという。特に一人っ子政策の影響で第2子以降に生まれた場合金持ちの場合は戸籍を買って堂々と2人も3人もの子供を産む場合があるという。以前彼女は雑談の折もし来年留学するときは戸籍が変わるかもしれないとチラッと洩らしたことがあった（この辺の事情も本当は詳しく聞きたかったのだが聞けなかった）。事情はともかくとして戸籍上の問題ということで彼女の父親は本籍地の吉林省まで出向いて1週間かけて正規の戸籍を取ってきた。この間役所とどんなやり取りがあったのか知らないが父親は可愛い娘のため忙しい仕事を休んで1週間も役所で粘ってあの手この手の策を講じ、やっと取ったのだろう。日本では戸籍謄本を取るのに役所に行けば30分もあれば取れるし遠隔地であれば電話一本で取れるのにこの辺が中国の難しさかもしれない。

やっと取った戸籍を北九州の大学へ国際急便で送ったのだが既に4月になっていた。入学式に間に合わないだろうがビザさえ下りれば勉強の遅れは取り戻せると自分に言い聞かせ何度も日本側に連絡を取っていたのだが残念ながら新しい戸籍でも許可が得られなかった。

このような事情で4月以降も引き続き彼女と一緒に中国語を勉強している。

このことと無関係だが歴史的には文化大革命の頃は農民戸籍と都市住民の戸籍が分けられ農民戸籍の住民は都市には住めず一生農村に縛り付ける制度がある。子供の戸籍は母親の戸籍を受け継ぐため農民戸籍の子供は子孫まで農民戸籍であり、義務教育は戸籍のある地域でしか受けられないことになっており事実上農民戸籍の子は都会では義務教育すら受けられない制度になっているそうだが、まだこのような制度が生きているのだろうか？

（注：戸籍の問題は複雑で安易に触れられないが、留学ビザの問題は現在緩和さ

れ申請すれば特別の問題がない限り取得できる。10年後大連に行ったとき、彼女に「今でも留学したい気持ちは変わらないか」と聞いたところ、「もう年も取ったし留学熱も冷めたので今更留学する気はない。日本語も普段使っていないので忘れた」との回答だった。現在は留学ビザだけでなく旅行ビザの取得も大幅に緩和されてきた。（――新型コロナウイルス感染拡大前の状況）

もう一人の中国語の先生のこと

中国語学校での勉強以外に実は個人的にもう一人の中国人の女性に中国語を教わっている。

彼女はカラオケ店の服務員だがいろいろ話を聞いてみると教養もあり、話題も豊富でありまじめな人のようなので平日の午後不定期だが家庭教師として個人レッスンをしてもらっている。勉強の合間に自然とプライベートな事柄にも触れるようになる。

彼女は内モンゴルから大連に働きに来ているという。もともと彼女の父親は遼寧省の鳳城市出身で以前は彼女の祖父の代までは大地主というか裕福な家系だったという。約40年前一家そろって内モンゴルに移住したそうだ。なぜ大地主の一家が土地や家を捨てて水も電気もない環境の厳しい内モンゴルの荒野に移住したのか詳しくは語らないが、おそらくちょうど文化大革命があった頃に符合しておりおそらく強制的に移住させられたのだろう（このことは彼女が生まれる前のことでもあり彼女の口からは一切触れていない。一般的に中国人は文化大革命については一切語らないそうだ。この頃は地主階級や富農階級が労働者階級の敵として地方に移住させられ肉体労働に従事させられていた歴史的な事実がある）。おそらく彼女の祖父たちは文化大革命の犠牲になり地方に下放されたのだろう。それでも内モンゴルで文化大革命が終わった後苦労して事業を起こし材木商として成功し、彼女が生まれた頃には裕福な生活を送っていたそうだ。そのような環境の中ですくすくと育ち大学まで進み平和な日々を送っていたところ、彼女が20歳になったとき母親が病気になり看病の甲斐もなく亡くなってしまった。その後父親も長年の苦労のため病気になり３年前亡くなってしまったそうだ。両親の相次ぐ病気のためたくわえもすべて使い果たし家まで人手に渡ってしまい妹と２人が無一文の状態で放り出されてしまった。妹は幼い頃から優秀で母親が亡くなるとき、「この子は大学まで必ず行かせるように」と遺言して逝ったそうだ。現在大学２年生で大学の寮に住んでいるので毎月仕送りをしているという。この妹は本当に優秀で大学卒業後はアメリカに留学を希望しており、姉は母親の遺言どおり妹のためには自分を犠牲にして支えたい……というなかなか泣かせる話である。

しかし反面、現在の自分の姿に不満もありプライドも人一倍高いためときどき衝突することもあったが一般の女性と比べ知識も豊富であり教えられることも数々あった。

豊かな家庭で育ち、突然無一文の生活になったためか、金銭に対する執着は相当なものであり、いつか金持ちになり世の中を見返すという意識を感じさせられる。金を貯め5年、10年後には何か事業を起こし成功させたいと言っている。目的意識がはっきりしている人だ。また、中国には親をなくした孤児が数多くあり将来は孤児院を作り社会福祉関係にも取り組みたいと言っている。

前項で書いた戸籍問題にしても上記の彼女にしても現在の中国の歴史の断片を見た感じだ。

「老人席」と敬老の気持ち

中国のバスや電車にはいすの背もたれに「老人席」と書いたカバーが付いており「老人や障害者には席を譲ろう」というキャンペーンが行われている。よく中国はマナー後進国といわれるが、この件に関しては日本よりズーッと優れていると感じた。

これは中国では儒教の教えが広くいきわたっており各家庭でも祖父母など老人を敬う教育がなされているためなのだろう。彼らの話の節々に春節（旧正月）や中秋節に家族が集まり老人を中心に先祖を敬う行事を行っていることが伝わってくる。

９月15日は日本では敬老の日である。中国には敬老の日はない。しかし老人を敬う気持ちは日本人より中国人のほうがはるかに強いように感じた。例えば、電車やバスに乗るとき最近は一応並んで待つ風景がよく見られる。大連市内から開発区までの電車などは大連市駅始発なのでホームには電車が来るまできちんと並んでいるが、電車が到着すると列が乱れドアが開くと後ろからドアにめがけ殺到し押し合いへし合いの状態になる。私などはきちんと並んでいても弾き飛ばされ、押し合いへし合いにたじろいで結局最後のほうから乗ることになる。ところが電車に乗ってつり革にぶら下がっていると他人を突き飛ばしわれ先に乗り込んだ若者が私に席を譲ってくれた経験が何度かあった。私も若いつもりでいたが若者から見たら老人に見えたのだろうが、一瞬老人扱いされたことに戸惑いを感じたがいつも好意に感謝して座らせてもらっている。このような経験がバスに乗ってもよくあった。

それにしても一般生活の中でのマナーの悪さは何とかならないのだろうか！

志半ばの帰国

7月25日心ならずも帰国することになった。帰国した当初日本で精密検査を受け1ヶ月ぐらい静養してから再び大連に戻るつもりだった。

ところが回復の状況が思わしくなく、2006年9月19日大連に来てから約1年の予定で滞在するつもりだったが残念ながら結果的には7月で退却となり大連滞在は約10ヶ月で終わってしまった。

本音を言うと会社との契約は1年間ということで、その後は自由の身でチベットや中国各地を放浪するつもりだったのだが（老年バックパッカーもどき願望）、これも達成できなくなった。

大体この年になってから中国語を学ぼうとしたのは、サラリーマン時代と違い仕事に生かそうということでなくただ単純に自由に中国国内を歩き回り新たな体験をしたい……ということだった。今熟年世代で中国語ブームが起こっているそうだがほとんどの人が中国を旅行することが目的だそうだ。同じ気持ちだ。

とにかく中国は広い。歴史的に見ても日本のルーツがあちこちに見られる。中国の遼寧省のそれも大連市のほんの少しだけ体験できただけでもいろいろと興味をそそられた。まだまだ行ってみたいところがたくさんある。しかし大連滞在中ちょっとだけ周辺の田舎を歩き、旅をする楽しさを味わうことができたのがせめてもの慰めかもしれない。

クヨクヨしても仕方がない。数ヶ月日本で体力を蓄え元気になったらまた挑戦してみよう。生活面で無茶をせず健康管理の大切さに気が付いただけでも収穫だったと思いたい。

10月5日オーストリア人の友人が来日して会いに来てくれた。また、中国の山に行こう！　アルプスにも行こう！　と激励してくれた。

おわりに
改訂版刊行に当たって

そもそも大連に来たのは法隆寺の外国語ボランティアガイド仲間から誘われて、趣味程度の安易な気持ちから中国語を勉強したことに始まる。それまでは中国語の知識など全くなく、まさしくゼロからのスタートだった。

思い起こせば中国に来たのは約35年前、45歳のときだった。人生で初めて中国に足を踏み入れたのは偶然にも大連だった。その頃の中国は改革開放政策が始まって間もなくの頃で、どこへ行っても簡単な英語すら通じず、もちろん日本語も通じなかった。それ以降中国各地に出張したがいつも通訳が必要だった。私はどこの国に行っても英語が通じたので不自由しなかったが、中国では通訳なしでは赤子同然で何もできなかったと記憶している。

逆にそれに甘んじて中国語が話せなくてもいつも通訳が付いてくれると（会社

の上司も含めて）思い込んでいた。今思えば45歳から中国語の勉強を始めたらまだ頭も柔らかく中国語も早く身についただろうと悔やんだが、「既にとき遅し」である。

会社を退職して64歳になってから一念発起して大連に来て語学学校に入り、曲がりなりにも努力したつもりだが、年には勝てず中国語が全く身についていない。

中国語を習うきっかけになった法隆寺に来る中国人観光客に中国語で観光ガイドをする目的は、マニュアルを作り何とか対応できるようになったが、果たして観光客に満足してもらえたかは自信が持てない。

体調を崩し帰国してからは地元公民館で開催されている中国語教室に参加したりして細々と中国語の勉強は続けてきた。その後8年たった頃大連にある東北財経大学の夏休み短期留学コースに3年続けて参加し、その都度旧同僚たちと食事をしながら旧交を温めていたが、人々の心は変わっていなかった。しかし市内や開発区の街の様子は開発が進んでいて、毎年行くたびに大げさに言えば国そのものが変わっていくと思えるほど変貌していった。今やＧＤＰでは日本を追い越し世界第2位の大国になっている。

当時私と一緒に仕事をしていた係長クラスはみな立派に成長して、一様にマイカー、マイホームをもって活躍している。

中国の経済成長と同じく彼らも同じように成長しているのを見られたことがうれしい。

一般的に中国では会社に対する帰属意識が少なく、よりよい条件の会社へと転々とするのがあたりまえと言われているが、昔一緒に働いた人たちが「小川さんの生き方を目標としている」と言ってくれるのには改めてうれしくなった。真意はなんてことない「定年まで同じ会社で働き続けたい、更に60歳過ぎても活動していたい」とのことである。

著者紹介

小川 勝（おがわ まさる）

1942年8月8日
千葉県船橋市に生まれる
現在Ikaruga ICES SGG会員として法隆寺観光ボランティアを行っている（英語、中国語）
著書に『「開心大連」 64歳からの中国滞在記 大連思いつくまま』（近代文芸社）『俺の湾岸危機』（パレード）

開心大連《かいしんだいれん》　文庫改訂版《ぶんこかいていばん》

2022年11月30日　第1刷発行

著　者　　小川 勝
発行人　　久保田貴幸

発行元　　株式会社 幻冬舎メディアコンサルティング
〒151-0051　東京都渋谷区千駄ヶ谷4-9-7
電話　03-5411-6440（編集）

発売元　　株式会社 幻冬舎
〒151-0051　東京都渋谷区千駄ヶ谷4-9-7
電話　03-5411-6222（営業）

印刷・製本　シナジーコミュニケーションズ株式会社
装　丁　　杉本桜子
装　画　　伊藤水月

検印廃止

Printed in Japan
ISBN 978-4-344-94245-5 C0095
幻冬舎メディアコンサルティングＨＰ
http://www.gentosha-mc.com/